LegalTech

長島・大野・常松法律事務所
MNTSQ株式会社
編

一般社団法人 金融財政事情研究会

はじめに

いかなるところTechばやりである。FinTech、RegTech、EdTech、……はやりといえばはやりだがこのような言葉があふれるようになった背景には、もはや企業活動だけにとどまらず現代の社会生活がIT技術を幅広く取り入れていかない限り成り立たない状況になってきていることを示している。

そうした社会の進展のなかで、日本の司法界は取り残されてきた分野といえる。たとえば、アメリカでは、すでに裁判所の先例はすべてデータベースに収納され、法律書等も電子化され、中国でも、電子化の動きはきわめて早い。多くの国の大手法律事務所では、昔は大型ビルの１フロアにもなる自前の大きな図書室をもっていたところがほとんどだったが、10年以上も前からはそうした大型の図書室も姿を消している。これに引き換え日本では、データベースや電子書籍はまだまだ不十分で、日本の大手事務所にはまだまだ大きな図書室があり、大量の紙ベースの資料をたくさんかかえている。何より、裁判所では、紙ベースのやりとりが求められており、そのやりとりは、これまで書面交付が主流で、せいぜいFAXが使われることがあるくらいであった。やっと近頃、IT化の動きが出てきたところである。

また、いわずと知れたことではあるが、日本の法律は日本語で書かれており、法律事務、法律的なやりとりは日本語で行われることがほとんどである。日本語は難解である。26文字のアルファベットと違い、何千もの文字と多様な読み方が存在する。日本語の自然言語処理（人間の言語をコンピュータが意味のあるものとして理解し、処理するための技術：一種のAI技術）が、英語のそれよりはるかにむずかしいゆえんである。そうした不利な環境のなかでも、より生産性の高い社会を築くためには、法律の世界だけが遅れをとるわけにはいかない。より円滑な経済活動を行えるようにし、人々が幸せに生きていくことができる社会をつくるための法律が社会の足を引っ張るようであってはならないのである。LegalTechはまさにこうした状況を改善するためのチャレンジである。

なお、本書を執筆している2020年春においては、新型コロナウイルスの感染拡大により、オフィスへの出勤が制限され、在宅勤務が急速に広がってきている。このような状況のなかで、多くの人が、自宅でインターネットに接続し、PC等を通じて仕事をする経験をし、危機管理の一環として、こうした環境のなかでも業務を継続できる必要性を認識したはずである。旧来の「紙」中心の法律の実務ではこうした状況において本来の役割を十分に果たすことができず、この分野の情報の電子化・デジタル化が急務である。

ところで、弁護士の仕事は、AIに置き換えられやすいというようなことを書いてある文献もあるが、登記申請等のような定式的な書類作成行為などはともかくとして、一定の期間をみても弁護士の本来の仕事がAI等で置き換わることはないと思っている。具体的な事実関係は千差万別であり、また、弁護士の仕事は、紛争の解決にせよ、契約関係にせよ、最終的な目的は、関係者に納得してもらい、コンセンサスを形成することにあり、単純な論理学ではない。その意味では、弁護士業務にはハートがなければならないのであって、そうした本来弁護士がやらなければならないことに集中するためにもLegalTechの進展が必要なのである。

長島・大野・常松法律事務所では、一昨年（2018年）から、LegalTechの導入、業務フローの見直しとIT化、そしてRPA（Robotic Process Automation、プロセスの自動化）等を推し進めるため、弁護士・職員一体となったLegalTechのプロジェクトチームをつくって検討を重ね、いくつかの事例につき実際の導入も進めてきた。昨年（2019年）の秋には、事務所として、LegalTechスタートアップのMNTSQに対して、８億円の出資を決定し、資本業務提携に入っている。われわれはこれからも真剣にLegalTechの世界でチャレンジを積み重ねていきたいと思う。本書はその取組みのさわりを紹介するものである。

2020年６月

長島・大野・常松法律事務所
マネージング・パートナー
弁護士　**杉本　文秀**

はしがき

「LegalTech」と呼ばれる領域が注目を集めています。法律分野をテクノロジーの力で変革しようとする取組みは以前から存在したものの、過去２～３年の発展は特に目覚ましく、アメリカでは、2019年までの２年間でLegalTechに対する投資額が約４倍以上に増加し、企業によるLegalTechサービスの導入も急速に進んだとされる統計が存在します。日本においては、LegalTechはまさに黎明期にあるといえ、リーガル領域の変革にさまざまな角度から挑戦するプレイヤーが続々と現れ始めています。これらの流れは、新型コロナウイルスへの対応としてデジタル化やリモートワーク化が進むなかで、さらに加速していくと考えられます。

LegalTechの近年の急速な成長の背景には、機械学習（いわゆる「AI」）の適用領域の１つである自然言語処理（NLP）技術の驚異的な発展があります。自然言語処理技術とは、きわめて大雑把にいえば、コンピュータが「人間の言語」について学習することで、文章から特定の情報を抽出したり、内容を分類することができるようになる技術です。リーガル領域は、法律にしても契約にしても「言語」の支配する領域であり、言語の記載パターンにも共通性があることから、自然言語処理技術による解析に非常に適しています。自然言語処理技術の発展は、リーガルドキュメントを解釈することができる主体が人間だけではなくなりつつあることを意味しており、今後長期間にわたってリーガル領域に非連続的な変化をもたらす可能性があると考えられます。

一方で、LegalTechが法律分野に関するものである以上は、法律的な意味での「クオリティー」が重要な意味をもつことも見逃せません。LegalTechは最先端のテクノロジーだけでつくりだせるものではなく、法務専門家の関与が必要不可欠であり、むしろ開発にかかわる法務専門家の能力がLegalTechの価値の上限を決めてしまう側面があるように思います。これから日本に現れるLegalTechが、ただ「新しいもの」で終わってしまうのではなく、本当に企業のパートナーとなって法務を変革することができるものとなるためには、ただ自然言語処理技術のようなテクノロジーを利用すればよいのではなく、リーガル領域の「ベスト・プラクティス」をプロダクトに承継させる必要があると感じています。

本書は、MNTSQが長島・大野・常松法律事務所とPKSHA Technologyによる支援を受けながら開発を進めるなかで、リーガルとテクノロジーのベスト・プラクティスを承継したLegalTechが社会にどのような価値を提供できるのか、試行錯誤の最中にある現在地を皆さまに共有させていただくものでもあります。本書が、今後のLegalTechをよりよいものにするための議論の一助となれば、望外の喜びです。

2020年6月

MNTSQ株式会社

代表取締役CEO　**板谷　隆平**

【編者紹介】

長島・大野・常松法律事務所

2020年7月1日現在、所属弁護士数503名、国内外に8カ所の拠点を有する日本最大級の大手総合法律事務所です。M&A・コーポレート、ファイナンス、不動産取引、コンプライアンス・危機管理、テクノロジー・通信・IP、税務や訴訟・仲裁など、企業法務におけるさまざまな分野のリーガル・サービスをワンストップで提供し、国内案件および国際案件の双方に豊富な経験と実績を有しています。

MNTSQ株式会社

「未来の社会インフラとなるリーガルテクノロジーをかたちにする」ことをミッションとして2018年11月に設立された企業です。長島・大野・常松法律事務所および株式会社PKSHA Technologyと資本業務提携のうえ、エンタープライズ向けにリーガルおよび機械学習の両面で最高品質のプロダクトを提供することを目指しています。2020年夏より、契約書のドラフティング、レビューから管理に至るまでの一連のプロセスを変革するためのプロダクトの販売を開始しています。

【著者略歴】

杉本　文秀

長島・大野・常松法律事務所 マネージング・パートナー、弁護士／MNTSQ株式会社 社外監査役：編集
1985年早稲田大学法学部卒業、1989年弁護士登録／常松・簗瀬・関根法律事務所（現長島・大野・常松法律事務所）入所、1993年コロンビア大学ロースクール卒業（LL.M.）、1993～1994年Simpson Thacher & Bartlett LLP（New York）勤務、1995年SBC Warburg Securities（現UBS）（東京）勤務、2019年～MNTSQ株式会社社外監査役。

垰　尚義

長島・大野・常松法律事務所 弁護士：第２部第４章
1992年慶應義塾大学法学部法律学科卒業、1995年検事任官、2000年弁護士登録／長島・大野・常松法律事務所入所、2004年デューク大学ロースクール卒業（LL.M.）、2004～2006年Schiff Hardin LLP（New York）にて勤務、2007～2008年証券取引等監視委員会市場分析審査課にて課長補佐として勤務。

森口　聡

長島・大野・常松法律事務所 弁護士：第２部第３章
1994年東京大学法学部卒業、1996年弁護士登録／常松・簗瀬・関根法律事務所（現長島・大野・常松法律事務所）入所、2001年デューク大学ロースクール卒業（LL.M.）、2001～2002年Debevoise & Plimpton LLP（New York）、2002～2003年Porter Wright Morris & Arthur LLP（Ohio）にて勤務、2007年～上智大学法科大学院非常勤講師、2015年～上智大学法学部非常勤講師。

藤原総一郎

長島・大野・常松法律事務所 弁護士／MNTSQ株式会社 社外取締役：編集、第１部第３章・第４章、第３部第２章７
1996年東京大学法学部卒業、1998年弁護士登録／長島・大野法律事務所（現長島・大野・常松法律事務所）入所、2003年コロンビア大学ロースクール卒業（LL.M.）、2003～2004年Morrison & Foerster LLP（San Francisco）にて勤務、2008年～上智大学法科大学院非常勤講師、2009年～京都大学法科大学院非常勤講師、2019年～MNTSQ株式会社社外取締役。

梅澤　拓

長島・大野・常松法律事務所 弁護士：第２部第６章、第３部第１章・第２章１～４、９

1997年東京大学文学部卒業、1999年弁護士登録／長島・大野法律事務所（現長島・大野・常松法律事務所）入所、2004年University of Pennsylvania Law School卒業（LL.M.）、2004～2005年Simpson Thacher & Bartlett LLP（New York）勤務、2005～2007年金融庁検査局総務課専門検査官。2010年より長島・大野・常松法律事務所パートナー。

柳澤　宏輝

長島・大野・常松法律事務所 弁護士：第2部第5章
2000年東京大学法学部卒業、2001年弁護士登録／長島・大野・常松法律事務所入所、2007年コロンビア大学ロースクール卒業（LL.M.）、2007～2008年Debevoise & Plimpton LLP（New York）にて勤務、2009～2018年上智大学法科大学院非常勤講師。

カオ小池　ミンティ

長島・大野・常松法律事務所 弁護士：第1部第4章
2003年慶應義塾大学商学部卒業、2003～2006年IBMビジネスコンサルティングサービス株式会社（現日本アイ・ビー・エム株式会社）勤務、2009年慶應義塾大学法科大学院修了、2010年弁護士登録／長島・大野・常松法律事務所入所、2016年デューク大学ロースクール卒業（LL.M.）、2016～2018年長島・大野・常松法律事務所ホーチミン・オフィス勤務、2017～2018年ホーチミン市法科大学非常勤講師（日本法）。

水越　政輝

長島・大野・常松法律事務所 弁護士：第2部第2章・第3部第2章8
2009年中央大学法学部卒業、2011年弁護士登録／長島・大野・常松法律事務所入所、2017年コロンビア大学ロースクール卒業（LL.M.）、2017～2018年Covington & Burling LLP（Washington, D.C.）にて勤務。

角田　美咲

長島・大野・常松法律事務所 弁護士：第２部第４章
2015年京都大学法学部卒業、2017年京都大学法科大学院卒業、2018年弁護士登録／長島・大野・常松法律事務所入所。主に危機管理・不祥事対応・コンプライアンス等を扱う。

藤岡　秀章

長島・大野・常松法律事務所 弁護士：第２部第６章、第３部第２章８
2016年東京大学法学部卒業、2018年東京大学法科大学院（司法試験合格により）退学、2018年弁護士登録／長島・大野・常松法律事務所入所。

髙橋　宗鷹

長島・大野・常松法律事務所 弁護士：第２部第５章
2016年早稲田大学法学部卒業。2017年弁護士登録／長島・大野・常松法律事務所入所。

板谷　隆平

MNTSQ株式会社 代表取締役／長島・大野・常松法律事務所 弁護士：編集、第２部第２章・第３章
2013年東京大学法学部卒業。在学中に予備試験に合格し、2014年に弁護士登録（第一東京弁護士会）。同年に長島・大野・常松法律事務所に入所後、企業買収（M&A）、AI/IT等のテクノロジー関係のアドバイスに従事。同事務所で勤務する傍ら、2018年11月にMNTSQ株式会社を創業して代表取締役に就任。

安野　貴博

MNTSQ株式会社 取締役：第１部第１章

東京大学工学部卒業、2014年ボストン・コンサルティング・グループ入社、2016年未踏IPAスーパークリエイター認定、2016～2018年株式会社BEDORE代表取締役、2018年～MNTSQ株式会社取締役。

生谷侑太郎

MNTSQ株式会社 取締役：第1部第2章、第2部第1章
2014年東京大学文学部心理学専修卒業後、株式会社バーディグループに新卒入社。社長室としてB向けSaaSプロダクトを立ち上げ、事業／開発責任者を務める。2016年AnyPay株式会社に参画し、わりかんアプリpaymoおよびブロックチェーン関連プロダクトの立ち上げに従事した後、独立。2018年にMNTSQ株式会社を創業し、取締役としてプロダクトと組織／コーポレート領域を管掌。

堅山耀太郎

MNTSQ株式会社 取締役：第3部第2章5・6
東京大学大学院工学系研究科修士課程修了。外資系投資銀行を経て、自然言語処理を用いたプロダクト、ソリューションを提供する株式会社BEDOREを共同創業し、取締役に就任。2018年よりMNTSQ株式会社にて取締役Co-founderとしておもにアルゴリズムの開発を主導。

目　　次

第1部 LegalTechとは何か

第1章　テクノロジーが日本社会に与える影響

第2章　LegalTechとは何か

第3章　LegalTechが法務の現場に与える影響

第4章　弁護士法との関係

第2部
LegalTechの現在地

第1章　諸外国における状況

第2章　Topic①――契約に関するLegalTech(i)：DXと契約管理

第3章 Topic②――契約に関するLegalTech(ii)：自動ドラフティング・自動レビュー

第4章 Topic③――不正調査におけるドキュメントレビュー

第5章 Topic④――訴訟手続におけるテクノロジーの利用

第1部

LegalTechとは何か

第1章

テクノロジーが日本社会に与える影響

1　既存のオペレーションの持続可能性

本章ではテクノロジーが日本社会に与える影響について検討しますが、その前提として、日本社会が労働生産性を高める必要がある点について概観するところから始めたいと思います。日本社会が直面している大きな問題として、少子高齢化、生産年齢人口の減少があげられます。

仕事ができる年齢である15～64歳の人の数は、生産年齢人口と呼ばれています。総務省の統計によると、30年前の1990年においては、全人口に占める生産年齢人口の比率は70％でした。この時期をピークとして、生産年齢人口比は下落に転じました。

直近の統計値である2018年の値をみると、この数は60％まで減少しています。さらに、30年後の予想をみると2055年には52％まで減少していくという予測になっており、状況はこのまま悪化していく可能性がきわめて高いといえます。

ナイーブな計算ではありますが、人口当り同じ量の労働力を提供しようとすると、30年後（2050年）には30年前（1990年）よりも一人ひとりが約40％多く働かなくてはいけない計算になります。

今後、労働者の絶対的な人口も、全人口に占める労働力の割合も減少していくなか、はたしていままでと同じやり方でサービスの量と質を維持することができるでしょうか。新しいものがどんどん生まれて消費者やビジネスのニーズも変わっていくことに追随し、新たな価値を生み出し続けなければいけないのに、既存のオペレーションを維持することすら困難になるだろう、というのが現状の見立てといえます。

私たちはこの課題にどのように対処すればよいのでしょうか。「労働生産＝労働人口×労働生産性」に分解ができますが、上記のとおり、労働人口が減少している状況で労働生産を向上させるには、労働人口の減少を上回るほどの労働生産性の実現をすることが必要になります。

労働生産性を高めるための１つの方法として、テクノロジーの活用があげられます。

内閣府の年次経済財政報告には「少子高齢化・人口減少が進行する中で、我が国がこうした技術革新に迅速かつ適切に対応できれば、人手不足を克服し、生産性を向上させることで、豊かな国民生活が実現できる。この点からも、（中略）官民を挙げて技術革新への対応を充実させていくことが重要である」とあり、技術革新への対応に注目がされています。

具体的に、どのような技術が生産性を向上させるのかを詳しくみると、「AI」「IoT／ビッグデータ」「3Dプリンター」「ロボット」「クラウド・コンピューティング」等の例があげられており、特にソフトウェアに関連する技術要素に注目が集まっていることがわかります（図表１－１－１参照）。

第２節以降で、ソフトウェアがどのように産業に活用されてきていて、これからどのように活用されていく可能性があるのか、より詳しくみていきたいと思います。

図表1－1－1　新規技術ごとにみた生産性上昇効果

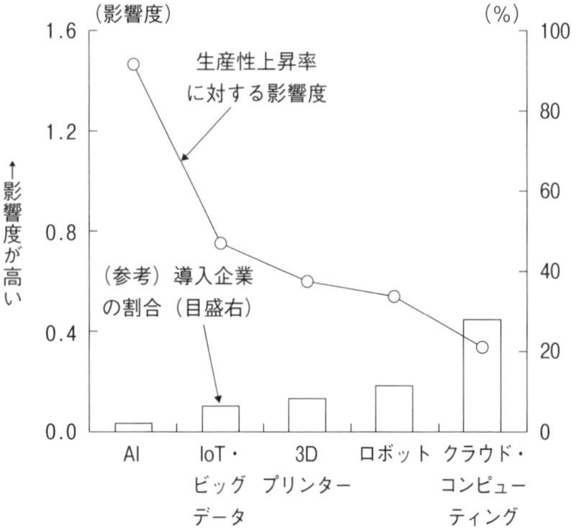

（出典）　内閣府「生産性向上に向けた企業の新規技術・
　　　　人材活用に関する意識調査」

2　ソフトウェアの産業活用に関する3つの段階

ソフトウェアの産業活用に関するこれまでの流れを概観したいと思います。企業は1960年代から徐々にコンピュータを活用し始め、自社のビジネスやオペレーションを効率化してきました。最初は限定的な用途にしか使われていなかったコンピュータは、ご存知のようにいまではあらゆる業種の企業で活用され、なくてはならないものになっています。

ソフトウェアが産業活用に浸透していくようすを細かくみていくと、３つの異なるトレンドが段階的に進行していることがわかります。1960年代に商用の大型コンピュータである「メインフレーム」機が出現したことをきっかけに、それまで人手で行われていたような作業がソフトウェアによって代替される「オペレーションのソフトウェア化」が進行しました。次に1990年代にインターネットが出現し、ネットワーク越しにソフトウェアを利用できるようにする、「ソフトウェアのクラウド化」が起きました。最後に2010年代から、クラウド上に集積された大量のデータを活用しながら、機械学習等のアルゴリズムを用いて「クラウドソフトウェアのインテリジェント化」が始まっています。それぞれの段階を詳しくみていきましょう。

(1) オペレーションのソフトウェア化（1960年代～）

初期のコンピュータは数値計算のみに利用されるものでしたが、IBMが1964年にSystem/360というメインフレーム機を市場に投入したことを契機に、企業でも幅広く利用されるようになりました。この当時のコンピュータはとても大きく、専用の部屋のなかで稼働していました（図表１－１－２参照)。いまのパーソナルコンピュータとは違って、みんなで１台のコンピュータを使っていました。

System/360のようなメインフレーム機では、１つのハードウェアのうえで複数種類のソフトウェアが実行できるようなアーキテクチャが採用されました。このアーキテクチャが採用されたことで、顧客は自社の要件に応じてシステムを構築したり、変更したりすることが可能になりました。

メインフレーム機が出てすぐの頃は、IBMが専門としていた会計領域を中心に活用が始まり、続いて在庫、販売管理や予約、生産管理、経営情報システム等の分野に広がっていきまし

図表1－1－2　System/360

（出典）　en.wikipedia.org/wiki/IBM_System/360

た。これにより、いままで人手と紙で行われていた作業が、ソフトウェアを利用して効率的に行えるようになりました。

1980年代になると、メインフレームだけではなく、パーソナルコンピュータという形式のコンピュータが出現し、より多くのビジネスパーソンがソフトウェアを利用するようになりました。これにより、文書作成や表計算なども広くコンピュータ上で行われるようになりました。契約書管理にいまでも用いられているIBM notesの原型（Lotus notes）もこの時期にパーソナルコンピュータ上で利用できるものとして開発されました。

(2)　ソフトウェアのクラウド化（1990年代～）

1990年代以降、インターネットが爆発的に利用されるようになりました。これにより、必ずしも手元のコンピュータ上でソフトウェアを実行する必要がなくなり、インターネットの向こう側で稼働しているソフトウェアをネットワーク越しに利用することが可能になりました。このようなインターネット越しにソフトウェアを利用するサービスは「クラウドサービス」、あるいは「SaaS（Software as a Service）」と呼ばれるようになりました。

SaaSを利用することにより、ソフトウェアの実行に必要なサーバーなどの高価なハードウェアを用意することなく、すぐにサービスを開始することが可能になりました。これにより、ソフトウェアを利用する各企業はハードウェアの購入代金やメンテナンスコストを払う必要がなくなるため、初期導入費用を大幅に安くすることができます。また、インターネットに接続されてさえいれば、どこからでもサービスにアクセスできるなどの利点もありました。

SaaS企業では、月額／年額でサービス利用料を課金するサブスクリプションモデルを採用することが多いです。これは、SaaSの登場前には主流であった受託開発や売切りのパッケージソフトがやっていたような、初期開発費によって利益をあげるビジネスモデルとはインセンティブ構造が異なります。第2章第3項で詳しく述べます。

最初のSaaS企業といわれているのは1999年に創業された、企業向けのCRMサービスを提供するSalesforceです。Salesforceの登場から20年以上がたったいまでは、さまざまな企業がSaaSのサービスを提供しています。2018年時点の総務省「通信利用動向調査」によるとすでに約60％の企業においてSaaSを利用したことがあると回答されています。

図表1－1－3　SaaS（クラウドサービス）の利用状況

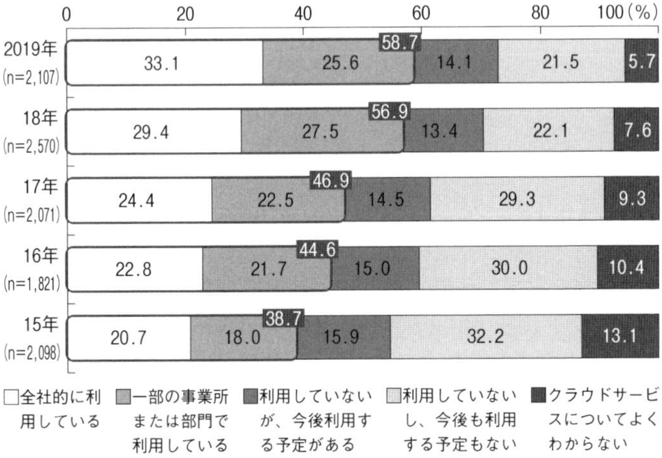

（出典）「平成30年通信利用動向調査」（総務省、2019年）

市場規模としても年平均市場成長率が16％の勢いで急成長しており、世界では2018年にすでに８兆円の大きさになり、2022年には約15兆円まで拡大するという予測がなされています（図表１－１－４参照）。

国内だけでも数百のSaaS企業があり、さまざまなサービスが提供されています。グループウェアからマーケティングオートメーション、CRM、名刺管理、Web接客、チャットボット、労務管理、採用管理、人事評価、健康管理、経費精算、契約、会計、BI、カスタムアプリ、セキュリティー等あげていけばきりがありません。

SaaSのサービスはAPI（Application Programming Interface）と呼ばれるソフトウェア同士が通信をするための窓口を通じて連携することもあります。たとえば、顧客管理のCRMツール

図表１－１－４　SaaSの市場規模（世界）

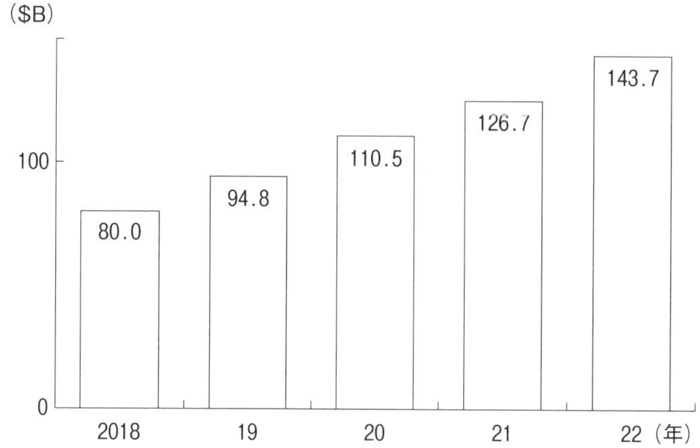

（出典）Gartner（April 2019）

と名刺管理ツールを組み合わせたり、勤怠管理と労務管理ツールを組み合わせたりすることで、サービスをより便利に利用することができるようになってきています。

(3) クラウドソフトウェアのインテリジェント化（2015年頃～）

近年、ソフトウェアがより高度な判断能力をもつことで、いままで提供できていなかったようなサービスをソフトウェアが提供できるようになってきました。

高度化したインテリジェントなソフトウェアが提供されるようになった背景には２つあります。１つはインターネットやスマートフォンの普及に伴って、利用可能なデータの量が増えたこと。２つ目は2010年代にディープラーニングと呼ばれる機械学習手法が登場し、大量のデータを活用することで、いままで人間が行っていたような高度な判断を、機械でもできるようになったことです。

機械学習とは、人間が判断の基準を与えずに、機械が自動でデータからそれを学習する技術です。機械学習は昔から存在し、さまざまな手法がありますが、その手法の1つとして近年ひときわ目覚ましい成果をあげているのが「ニューラルネットワーク」という手法を応用したディープラーニングと呼ばれるアルゴリズムになります。

ニューラルネットワークとは、人間や動物の脳の構造に着想を得たアルゴリズム（＝問題解決に用いる計算方法）です。ノードと呼ばれる部品が互いに接続されたネットワーク構造をつくっており、生物の脳を大まかにモデル化しています。実際の生物の脳も、ニューロンと呼ばれるノードが大量に存在し、それぞれが接続されたネットワーク構造をもちます。ディープラーニングは大規模なニューラルネットワークのことを指します。通常、ニューラルネットワークは図表１－１－５のようにノードと呼ばれる部品が層をなして積み重なった構造をしているのですが、ディープラーニングにおいてはこの層がたくさん積み重なっていることからその名がついています。

実はニューラルネットワークの歴史は古く、1940年代からアイデアとしては提唱されていましたが、長い間、大規模なニューラルネットワークを利用して実際に計算できる処理能力がコンピュータにはありませんでした。そのため、長い間にわたり、あまりニューラルネットワークは進展をみせていませんでした。

しかし、2000年代になり、コンピュータの処理能力が向上し

図表１－１－５　ニューラルネットワークのイメージ図

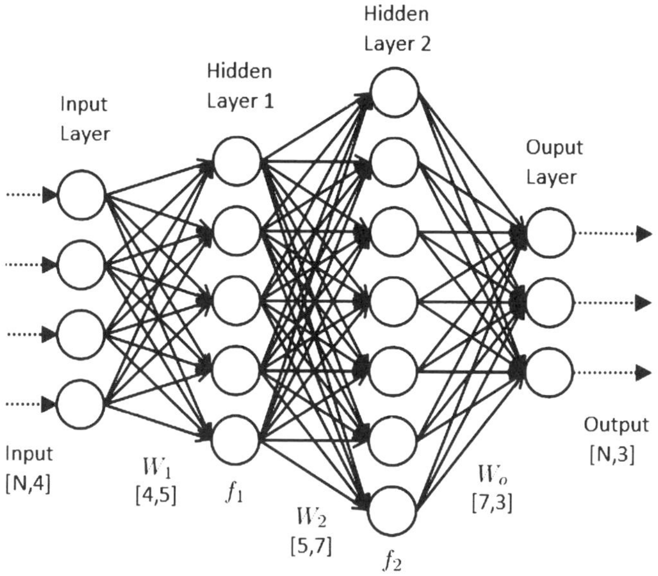

（出典）　https://mc.ai/computer-vision-introduction-of-convolutional-neural-network-and-vggnet/

てきたことで、状況も変わります。2006年にはHinton教授らが深い層をもつ学習アルゴリズムを発表し、これが当時最先端のアルゴリズムを大きく上回る性能を記録したことで一気に再注目されました。

機械学習分野では、みんなが同じデータを使って、同じ問題をどれだけの精度で解けるか競うコンペティションが存在します。たくさんの音声データを与えられて、そこから音声認識精度を競うコンペティションや、たくさんの写真データを与えられて、その写真に何が写っているかを判断する精度を競うコンペティションなど、さまざまな分野があります。2010年代には、これらの精度を競う国際的なコンペティションで、ディープラーニングを使った手法が優勝する例が多くなりました。

ディープラーニングは、いまでは画像認識だけではなく画像の生成や、音声の認識や、囲碁や将棋などのゲームのプレイなどに活用されています。なかでも、人の書いた文書（機械言語と対比して自然言語と呼ばれます）の解析にも活用されるようになりました。これは、自然言語処理と呼ばれ、LegalTech領域において非常に重要な技術分野の１つです。

ディープラーニングを用いることによって、いままでは人間にしかできないと思われていたことを、ソフトウェアが人間以上の性能で行う例も珍しくなくなってきました。AlphaGoは2016年３月、当時世界で最も強い囲碁棋士の１人であったイ・セドル棋士に対して勝利しています。囲碁は盤面の選択肢が多岐にわたり、計算量が大きいため、1990年代にコンピュータが人間に勝利したチェスやオセロより取り扱うのがむずかしく、人間に勝つのはむずかしいという予測もありました。そんななかでコンピュータが４勝１敗でイ・セドル棋士に勝利した結果は世界を驚かせました。

また、自然言語処理の分野においても、複雑な問題が解けるようになりつつあります。たとえば、スタンフォード大学が作成したSQuADと呼ばれる質問応答タスクがあります。これは、文章で記載された質問に対して機械が回答するようなタスクであり、中高生向けの英語の試験問題のようなイメージです。

このSQuADは、文章に出てきた単語をきちんと取り扱えなければ解けないようなタスクとして設計されています。当てずっぽうで答えたり、事前に学習した知識で質問に答えたりするのを防ぐため、「文章から答えられない質問」については、「この文章からこの質問に答えることができない」と回答する必要があります。このタスクにおいて、2019年にはRoBERTaと呼ばれるモデルが人間の精度を超えました。この精度はさらに上昇し続けています。

インテリジェント化したソフトウェアは、少しずつではありますが、各産業において活躍し始めているといえます。たとえば医療の業界ではどう用いられているのでしょうか。

【事例】

MedTechにおけるインテリジェント化したソフトウェアの使われ方

MedTechとはMedical（医療）領域にテクノロジーを適用するような技術、サービスのことを指します。この領域では、疾患の検出や慢性疾患の管理、医療サービスの提供、薬物の発見などをインテリジェントなソフトウェアで支援しています。

たとえば、胸部レントゲン画像から、ディープラーニングベースの画像認識技術を用いて悪性腫瘍を検出するという応用があります。

このような機械的な診断は、24時間ずっと安定的な結果を得られることがメリットとしてあげられています。日本の医療現場においては、他の業界の現場と同様に人員不足による業務過重が深刻な問題になりつつありますが、この技術により、一定の精度で大量の案件をさばくことが可能になります。

また、使われ方にも特徴があります。機械が診断したものをそのまま診断結果として用いることは、現在の日本の医師法の規定により許されません。また、現状の学習モデルでは判断の理由が理解しづらいという欠点があります。ゆえに、医療現場においてはこのようなインテリジェントソフトウェアは、最終判断を人に代わって下すという用途ではなく、スクリーニングという用途で用いられることが多いです。つまり、第一段階で、疾患がある可能性が高いもののみを機械が抽出し、第二段階で人間の医師がそれをチェックして診断を下すというやり方です。

3　まとめ

本章ではテクノロジーの進化がどのように社会や産業に影響を与えているかを概観してきました。日本社会においては、人口動態の変化から、多くの領域で人が不足していくことは明らかです。このままでは、サービスレベルを維持することがむずかしい企業も多くなると思われます。この問題を解決するために、テクノロジーを活用し、ビジネスのオペレーションを変えることで労働生産性を高める必要があるのではないでしょうか。ソフトウェア業界をみると、機械学習等の技術の進歩に伴い、ソフトウェアのインテリジェント化が進んできています。今後ますますソフトウェアでできる作業が増えていくことは間違いありません。医療等の一部領域ではそのようなインテリジェントなソフトウェアの産業応用はすでに始まっているといえます。

次章からは、まさに本書が対象としている、リーガル業界にどのようにテクノロジーが影響を与えるかをみていきたいと思います。

第2章

LegalTechとは何か

LegalTechとは、Legal（法律・法務）とテクノロジー（技術）を掛け合わせて生まれた言葉で、法律に関連した領域に対して技術を活用する取組み全般のことを指します。世界に目を向けると、LegalTech業界においてはアメリカとイギリスが中心的な役割を果たしながら近年盛り上がりをみせていますが、これらの日本よりも先進的であると考えられる国々においても、日々大きな変化が起きたり、新たなサービスが生まれたりしながら発展を続けている状況です。そのため、読者の皆様には個別の事例紹介に入る前に大きな流れをとらえていただきたく、LegalTechを取り巻く歴史について現在に至るまでの背景をまずご紹介し、これからの見通しや期待されていることのイメージを共有していきたいと思います。なお、諸外国における各領域での個別事例や日本の企業法務において特に注目すべきトピックについては、第2部で取り扱います。

1　LegalTechの盛り上がり

LegalTechというジャンルがメディアの注目を特に集めるようになったのは2017～2018年頃からで、その契機となったのはLegalTech領域への投資額の急激な増加であったと思います。アメリカとイギリスを中心に、2017年は約2.33億米ドルだったLegalTech業界への投資額が、2018年に約16.63億米ドルまで拡大し、700％超の増加が起きたことがニュースとなりました[1]。メディアによっては、2018年は10億米ドルであるとしているところもあり[2]、どこまでを「LegalTech」市場とするか

図表１－２－１　LegalTech領域への投資額推移

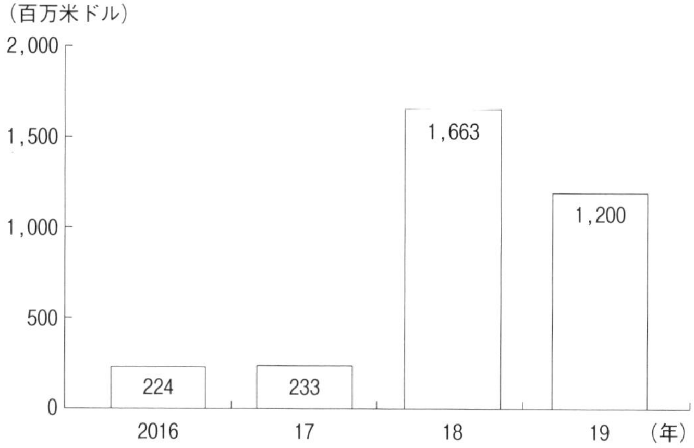

によって数字が異なることもあるようですが、大きく伸長したこと自体は間違いありません。続く2019年は約12億米ドルの投資額となり[3]、伸長は落ち着いたものの、引き続き大型の資金調達が日々起きています（図表１－２－１参照）。たとえば、法律事務所や企業法務部における案件・業務管理（Legal Practice Managementと呼ばれます）のプロダクトを提供するClio（クリオ）[4]は2.5億米ドルもの大型資金調達を発表し、契約に関連する幅広い活動を支援する総合ソリューションを開発・提供する

1　https://www.forbes.com/sites/valentinpivovarov/2019/01/15/legaltechinvestment2018/#390817947c2b

2　https://blog.lawgeex.com/legaltech-hits-1-billion-investment-as-lawyers-embrace-automation/

3　https://www.lawsitesblog.com/2019/09/at-1-1-billion-2019-is-a-record-year-for-legal-tech-investments-and-its-only-september.html

4　https://news.crunchbase.com/news/canadian-startup-clio-raises-250m-for-legal-tech-as-vertical-saas-continues-to-perform/

Icertis（アイサーティス）は1.15億米ドルの資金調達を発表しました。Icertisはこの資金調達により企業価値が10億米ドルを超え、LegalTech業界初のユニコーンとして注目されました[5]。

資金調達以外に、買収活動も活発に起きています。たとえば法務リサーチ業界では、グローバルに幅広い調査・情報サービスを提供するThomson Reuters（トムソン・ロイター）やLexis-Nexis（レクシスネクシス）がプロダクトラインアップの拡大や技術の強化を目的として企業買収を続けています。大きく分けると、同じターゲット層に対する異なる領域のサービスをもつLegalTech企業同士が提携するケースと伝統的な企業が技術に強い新興企業を買収するケースに分かれるように思います。

2　LegalTech発展の契機

急激に注目されるようになったLegalTechですが、すべてがいままで存在しなかったサービスというわけではありません。LegalTechという単語が生まれたのは最近であるものの、法務関連領域における技術活用の取組みは従前より行われていました。たとえば、リーガル・リサーチ、契約書の作成・レビュー・交渉、訴訟・紛争、監査、M&Aなど法務と密接に結びついた企業活動のなかで利用されている、以下のようなシステムやツール自体は特に目新しいものではないですし、読者の

5　https://techcrunch.com/2019/07/17/icertis-unicorn-seriese/

皆様もすでにご利用中のものがあるかもしれません。

- Westlawや Practical Lawなどの法務情報ポータル
- DocuSignなど契約書を電子締結するツール
- セキュアに電子ファイルを外部へ送受信するためのシステム
- 手入力で管理する契約情報の管理システム
- 社内の契約審査や稟議承認フローを管理するシステム

では、なぜ昨今のLegalTechは注目されるに至ったのでしょうか。さまざまな見解が業界レポート等に書かれていますが、その要因は大きく３つあり、「X-Tech（クロステック）SaaSの発展」「機械学習と自然言語処理技術の実用化」「DX（デジタル・トランスフォーメーション）への期待」であると考えられます。それぞれについて、順番に説明していきます。

3　X-Tech（クロステック）SaaSの発展

１つ目としては、ソフトウェア産業自体の発展が背景としてあげられます。

ソフトウェア開発のためのスキルをもった人材が著しく貴重であった時代は、外部の開発会社に委託して自社向けのシステムを構築してもらうことが当たり前でした。しかし、実際にシステム導入や運用が進むにつれて、構造的な課題が明らかになってきました。

まず、変化の激しさゆえに、せっかく導入したシステムがすぐに陳腐化してきてしまう（業務の現状にあわなくなり、価値を発揮しづらくなる）という課題があります。ソフトウェア開発に用いられる技術環境が急速に発展することに加え、事業状況や業務内容の変化も激しくなってきているため、次々と新たな要求・要望が生まれていきます。しかし、従来型のシステム開発を外部委託するスタイルでは、そのつどカスタマイズ開発をする必要があり、費用がかかりすぎてしまうという問題がありました。結果として、カスタマイズ開発の予算が確保できず、導入ずみのシステムのほうに人があわせるかたちで非効率な業務オペレーションを組んでカバーするという状況に陥っている現場も多いようです。

また、別の課題としては、開発を外部委託する際に、実質的な使い勝手や導入成果に対して発注者と開発会社側の間でインセンティブを一致させる手段がないという点があげられます。使い勝手がよく導入成果のあがるものをつくりたいという点では発注者と開発会社は一致しているのですが、開発業務の委託という性質上、「何をつくってほしいのか」を発注者が具体化したうえで、開発会社が所定の納期と料金の範囲で構築し、発注者側が確認（検収）するといったかたちで、お互いの責任範囲を明確にする必要があります。ソフトウェアは開発前の段階で完璧な設計をすることはとても難易度が高いうえ、開発期間中に発注者側の業務事情が変わる場合もあるため、本来は徐々に開発して実際に動作や効果を確認しながら設計を修正・追加していくやり方が理想的なのですが、先につくるべきものを合意しないと責任範囲があいまいになってしまうため、開発会社側と協力して機能設計や仕様策定を行います。しかし、使い勝手がよく導入成果があげられるシステムとは何かを具体化しきることは非常にむずかしいうえ、最終的な確定責任はソフトウェア開発や設計に関する専門知識が薄い発注者側がもたざるをえないため、満足のいくシステムをつくりあげることは大きな困難を伴う状況にあったといえると思います。

まとめると、黎明期のソフトウェア産業は、「開発・納品したシステムは、継続的にアップデートしなければすぐに陳腐化してしまう」「自社専用の開発およびカスタマイズは費用が高い」「使い勝手がよく導入成果のあがるものをつくりあげていくための協力体制を築きにくい」という3点が課題であったということができるでしょう。

そういった課題を解決するかたちで登場したのがSaaS（Software as a Service）です。SaaSは、従来のようにシステムの開発を請け負って納品することで開発費用をもらうという事業形態ではなく、SaaS事業者自身がつくりたいものの構想や開発計画を立てたうえでソフトウェアを設計・デザイン・開発・運営しており、企業やユーザーに利用させることで料金を請求する事業形態です。

大きな特徴は2つあります。

1つ目の特徴は、個社ごとの専用開発をしているわけではなく、すべての利用企業で使える汎用的（業界標準的、といってもいいかもしれません）なソフトウェアを開発しているという点です。この特徴が生み出すメリットは、コストと導入ハードルの低下です。SaaS事業者側は1つのソフトウェアを複数社に利用させることで収益を増やすことができるため、個社ごとの専用開発に比べれば利用企業1社が負担すべきコストを下げることができます。また、毎回ゼロから開発するわけではないため、開発期間を要することなく、利用規約に同意して料金の支払をするだけで利用を開始することができます。企業向けのSaaSの場合は初期導入のための打ち合わせや設定・サポートなどに時間を要するサービスも多いですが、３カ月前後に収まるものが多く、導入ハードルは比較的低いといえるでしょう。

２つ目の特徴は、SaaS事業者側が継続改善を行うことを前提とした月額制の料金体系です。従来のように納品時に料金を一括して支払う事業形態の場合、金額の大きさゆえに最低数年間は利用しなければシステム投資の元がとれないという状況や、５年間の毎月分割払いで料金を支払うことに合意しているためにサンクコストが気になり、途中で乗換え判断をすることがむずかしいという状況が起きがちです。SaaS事業者は自発的に継続改善を行って陳腐化を防いだり新たなアップデートによって導入成果の向上に取り組んだりしますが、SaaSの月額制契約の多くは、短ければ１カ月単位、長くても１年単位ほどで解約を行うことができるため、利用企業側は実際の使い勝手や導入成果をみながら継続判断をし、料金に見合わないと思えば比較的小さな金額で損切りをして乗換えを検討することが可能になります。このように、SaaS事業者側が収益を最大化するためには利用を継続してもらう必要があり、使い勝手がよく料金に見合った導入成果が出続けていなければならないという構造は、従来の発注者と委託者という関係性と比べて、利用企業と事業者間の関係性として比較的健全であるといえるでしょう。

なお、外部の開発会社に委託するよりもSaaSを利用するほうが必ずしもよいわけではないという点には注意が必要です。

ソフトウェア開発の発展やインフラ技術などの発展による恩恵は開発会社も享受していますし、業界標準的なソフトウェアを提供するSaaSでは対応できないような自社の特殊で重要な業務ニーズが多い場合は、外部の開発会社に委託してゼロから開発したほうがよいこともあると思います。また、SaaSのソフトウェアに対するカスタマイズを開発会社に委託するやり方もあると思います。カスタマイズ開発に投資すべき部分と業界標準ソフトウェアで十分な部分を見極めることが重要です（図表１－２－２、１－２－３参照）。

SaaS事業者のなかでも、特定の産業ドメインに特化して産業全体の課題解決に深く取り組む事業者はX-Tech（クロステック、エックステック）と呼ばれます。たとえば医療業界に取り組むMedTech（メドテック）、保険業界に取り組むInsurTech（インシュアテック）、営業活動に取り組むSalesTech（セールステック）などがあり、特に専門職や認定事業者が活躍する規制産業は変革の余地が大きいといわれています。

LegalTechもその１つとして注目されるに至ったのは、いくつか理由があると思います。まずは、従来は紙とメールを中心にせざるをえなかった業務が多いという特性や、各種行政・法務手続の電子化が進むなかで新たなニーズが生まれやすいという見立てがあげられます。こういった業務変革が望まれるタイミングは混沌が生じやすいですが、弁護士や法律事務所などの専門職と協働しながら適切な技術の使い方を検討し、あるべき業務の姿を構築しながら秩序を生み出していく活動に期待がかかっているのだと思います。また、LegalTechが扱う「契約」や「言語・文書」と企業の接点は、法務部に限ったことではな

図表1－2－2　開発受託からSaaSへ

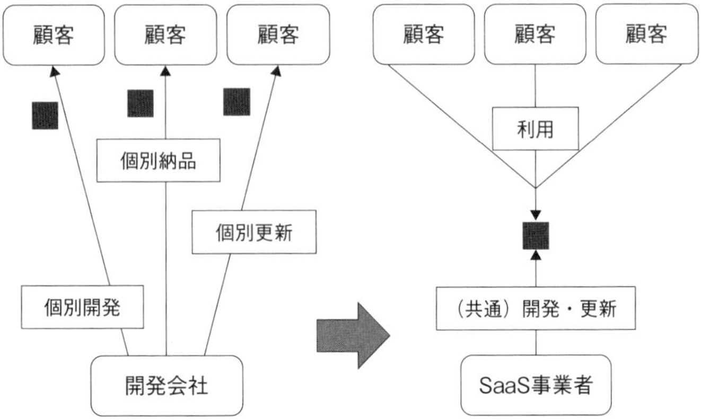

図表1－2－3　責任範囲・関係性の変化

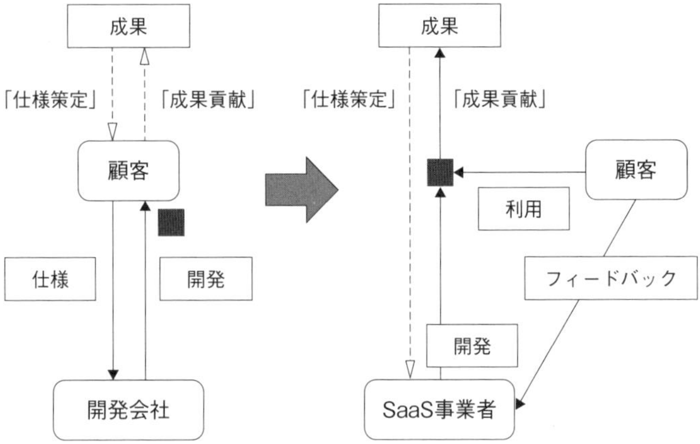

く、もっと広いはずであるという見通しも少なからずあるため、事業の広がりに期待がもたれやすいのだと思います。

4 機械学習と自然言語処理技術の実用化

LegalTechが注目される契機となった2つ目の要因は、機械学習と自然言語処理技術の実用化です。そしておそらく、これがいちばん直接的な要因だと思われます。「AI」（定義があいまいな用語ではありますが）に対する期待がさまざまな業界でふくらむなかで、機械が言語と文書を解析できるようになってきたという技術的進歩が掛け合わさり、実現できそうなビジネスアイデアの数や推定市場規模が急増したことと思います。実際、業務のほとんどを言語と文書に依存している法務関連業務において、この技術発展によるインパクトや今後の可能性はとても大きく、今後もさまざまなことが実現されていくと思います。

一方で、LegalTechを評価する際に、本当に機械学習や自然言語処理といった比較的新しい技術を使う必要があるのか、という視点はとても重要です。そういった新技術を使った機能でなくても、既存のIT技術とデザインを最大限に活用するだけで解決可能な企業課題は多くあります。LegalTechは新技術を活用した機能も既存技術のみを活用した機能も幅広く備えたプロダクトを提供しているケースが多いと思いますが、新技術を使った機能の有無や数のみに注目するのではなく、具体的にどのような課題を解決してどういった成果を期待できるのかを評

図表1－2－4　導入成果に対する技術貢献の度合い

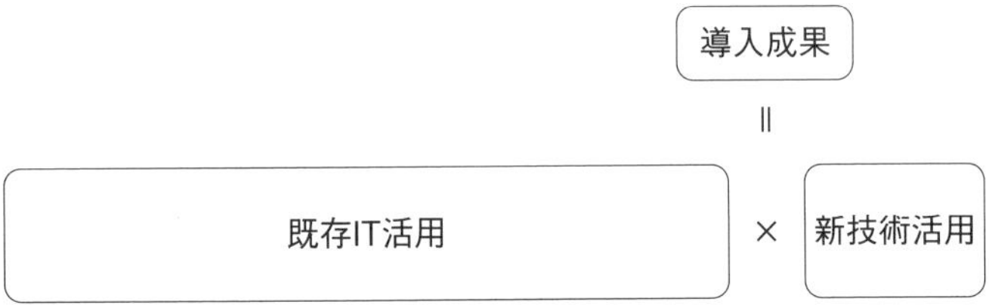

価していくことが重要です。

技術とデザインの世界はとても急速に進化していますし、経営チームや事業部と開発・デザインチームが密接に連携して意思決定をし続けていくことで、既存技術のみでも大きな事業インパクトを発揮することが可能です。しかしながら、すでに導入ずみのシステム等に対して、「自社はIT技術とデザインを最大限活用できているか」を評価することはむずかしいという課題もあります。「もっと上手に活用しましょう」といわれても具体的なイメージをもちづらいでしょうし、いままでの施策との違いや期待成果の説明に難航している会社のケースもよく耳にします。

そういった意味で、新技術を使うという判断は施策を正当化しやすいという事情があるのですが、機械学習等の新技術は既存技術とは得意分野が異なっているだけでなく、既存技術がしっかりと活用された事業基盤のうえでこそ大きな成果を生むことができるため、新技術を使うこと自体が目的化してしまっていると、コストが高くなる一方で期待するほどの成果が得られないという事態にもなりかねません。こういった事態を避けるためにも、LegalTechプロダクトの導入を検討する際は、自社の業務および課題や具体的な活用法と期待成果をLegalTech企業と一緒になって整理・検討することをお勧めいたします。

最後に、機械学習等の技術を利用したサービスや機能の使い方について重要なポイントをお伝えします。それは、これらの技術はあくまで既存業務のうち一部を自動化することで人間が本来やるべき仕事に集中できるようにしたり、そもそも変更の余地がない部分に人間が誤って手を加えたりするミスを防ぐことで品質の底上げをすることを目指すものであって、既存業務をそっくりそのまま機械がやってくれるようなものではないということです。LegalTechでいえば、弁護士や企業法務部で活躍する人材にとってかわるものではなく、彼らが行っている一部の業務や特定の作業を機械に任せることによって、生産性を引き上げるものだということです。こういった機械学習プロダクトの活用法に関する話は、特に契約書の自動レビューや自動ドラフティングのプロダクトを検討する際に重要な論点となりますので、第2部第3章にてさらに具体的なイメージを共有しながら疑問にお答えしたいと思います。

5 DX（デジタル・トランスフォーメーション）への期待

LegalTechが注目される契機となった3つ目の要因として、LegalTechは特定の業務を効率化する業務特化アプリケーションの枠を超え、法務関連業務のDX（デジタル・トランスフォーメーション）を起こせるのではないかという期待があるのですが、その背景をご説明したいと思います。DXという言葉の定義はさまざまありますが、単にシステムを刷新したり現行の業務フローを変えずに導入できるものだけを入れたりすればよいということではなく、「現在の技術がなかったときに構築された業務フローやシステムのつくりを、現在の技術にあわせてゼロから再構築すること」が重要です。イメージを共有するために少し極端な例を出しますが、Emailの活用による業務変化をイメージしてみてください。「1件の手紙を書いて郵送するのにかかる時間と1件のメールを書いて送信するのにかかる時間の差」に「従来の手紙の件数」と「従業員1人当りの平均コスト」を掛け合わせたものが導入効果のすべてだという試算では図りきれないほどのインパクトがあったことは、明らかなことだと思います。

そんなDXですが、実現難易度はとても高く、外部の開発会社に「丸投げ」してゼロからの議論や新しい意思決定を進めていく姿勢を怠ったり、「現場の業務を極力変えずにシステム化だけ行いたい」という思惑だけだったりするのみで実現できるものでは到底ありません。従来のIT化プロジェクトと比較して、DXを成功させるために重要なポイントは大きく3つあります。

1つ目は、現状と目標を正しく認識することです。実はこの点がいちばんむずかしいかもしれません。IT投資や技術活用という意味では既存の取組みと同ジャンルですし、すでに導入ずみの施策との違いを社内の多くの人に理解していただくのは骨が折れると思いますが、日本CTO協会が公開しているDX Criteria（DX基準）[6]が手助けになるかもしれません。

2つ目は、適切な外部パートナーを選定することです。DX

の達成のためには、現場の業務や専門知識に精通したドメイン・エキスパート、業務を変革できるほどのインパクトをもつ技術を使いこなせる技術メンバー、両者の情報と現場の要望を統合して新たな業務フローとシステム設計ができるデザインメンバーが密接に連携したチームが必要です。ITスタートアップでもない限り、自社内で確保できるケースは相応にまれだと思われますので、適切な外部パートナーの選定は肝になります。

3つ目は、やりきる意思と権限をもった社内チームを組成することです。DXは、構想したりシステムを構築したりするだけで終わりではありません。新たな業務フローが現場で認知され、浸透して成果が出るようになることが重要です。既存の複数部署との調整・協議のやりとりや巻込みを主導し、浸透までをやりきる社内チームがなければ、その実現は困難だといえるでしょう。

これらの条件をそろえることは、とても難易度が高いもので、DXが注目されるようになって数年がたちますが、なかなか思うように成功体験を積むことができていない企業が多いのが現状です[7]。特に、自社に合ったパートナー選定は、経験のない企業にとっては難易度が高いものになります。

パートナー選定にあたり、「自社と似たユースケースでの導入実績があるか？」「法務知見はどれだけ豊富か？」等、確認すべきポイントがいくつかあります。参考となるチェックリス

6　https://cto-a.github.io/dxcriteria/

7　https://www.mckinsey.com/business-functions/organization/our-insights/unlocking-success-in-digital-transformations

トを図表１－２－５として掲載しておりますので、プロジェクトを実施される際には是非ご参照ください。

LegalTechがDXを実現するものとして期待されている理由は、２つあるのではないかと思います。

１つ目は、LegalTech企業がDXを成功させるための外部パートナーとして適任かもしれないということです。LegalTech企業は、弁護士を含むドメイン・エキスパートや、法務関連業務の変革に対して多大な影響力をもつと期待されている機械学習等の技術を有するチームが協働し、新たな業務体験を生み出す優れたプロダクトを開発することが事業の根幹であり、これはDXにとって重要な要素そのものです。もちろん、LegalTechにはさまざまな分野があるので、必ずしも弁護士の協力が必要なかったり、機械学習等の技術を必要としていなかったりする企業もあるかもしれませんが、企業の法務関連業務の課題解決を目指すLegalTech企業のなかには、このようなDXパートナーに適した企業が存在していることも事実であるといえるでしょう。

２つ目は、LegalTech企業は特に法務関連業務に関して、現状と目標を正しく認識するための手助けができるということです。比較的IT投資が遅れていた法務関連領域において、法務的な業務要件を整理したうえで、機械学習等の新技術も活用するといったいどのような業務変革が可能なのかという点を説明し、導入後のイメージをもってもらうことはLegalTech企業の営業活動として重要なことです。そもそも、機械学習等を利用したサービスは新しい業務フローの構築を伴うケースが多いですし、法務関連業務は法務部だけでなく複数部署との連携によって成り立っているので、LegalTech企業が事業を大きく成功させるためには単一業務を効率化する業務特化アプリケーションの枠を超えてDXを目指すほうが合理的といえるでしょう。

このように、LegalTechは幅広い法務関連業務にDXを起こせる要素をもっているとともに、DXの達成を目指す理由があるということが、LegalTechに対して期待がかけられている背景ということができるでしょう。

図表1－2－5　リーガルテック製品導入検討時のチェックリスト

チェック項目	確認ポイント
リーガルテック企業自体の評価	
自社と似たユースケースで、導入実績があるか？	リーガルテック企業側の経験値は導入プロジェクトの成功率を左右します。導入社数のみではなく「使い方が似ている企業で成果は出ているか？」「自社と似たサイズ、業界の企業で成果は出ているか？」という点について押さえておくことをお勧めします。
法務知見はどれだけ豊富か？	在籍する法務プロフェッショナルのレベルはプロダクトの品質に大きな影響を与えます。どのような弁護士が在籍しており、どのようにサービスに関与しているか？という点について確認をするとよいでしょう。
技術力は確かか？	特に機械学習の機能を有するプロダクトにおいては、在籍するアルゴリズムエンジニアのレベルがプロダクトの品質に大きな影響を与えます。機械学習や自然言語処理の領域においてどのようなバックグラウンドがあるか確認することをお勧めします。
プロダクトの特徴	
どのような機能を有しているか？	本書で紹介したとおり、リーガルテックには、電子締結、自動レビュー、自動ドラフティング、契約データベース等さまざまな機能セットが存在します。自社の法務部の業務特性を考慮したときに、どういった機能が必要なのかということを事前に一度整理することをお勧めします。必要なサービスの幅が広ければ統合的なソリューションを検討すべきですし、そうでなければ一部機能に特化したサービスをスポットで使うというやり方もありえます。目的に合致したサービスを選択するべきでしょう。
自社法務部の各種ポリシーはどの程度製品に組み込むことができるか？	典型的には、契約書レビューや自動ドラフティングのサービスにおいて、リーガルテック企業が定めたスタンダードにあわせなければならないことがあります。特に大企業の法務部では、既存の契約レビューポリシーが存在することも多いと思われますので、どこまであわせる必要があるか、自社のポリシーを反映させる余地がどこまであるか、に関して確認をすることをお勧めします。
今後のサービス開発のロードマップは自社の戦略と合致しているか？	SaaSでは、サービスの内容が随時アップデートされていくという特徴があります。検討しているサービスを比較したときに、現時点で機能セットに差がなかったとしても、将来的なロードマップをみると、目指す姿が異なることに気づける場合があります。今後、サービスがどこに向かって成長していくかに鑑みて、サービスを選択することをお勧めします。たとえば、大企業と中小企業

	向けのどちらの機能が多く入る予定なのか、自社のいる業界にとって必要な機能はどれほど拡充される予定なのか、等を確認するとよいでしょう。
パートナーとしての適性	
コンサルティングサービスを依頼可能か？	特に大規模な企業であればあるほど、新規のシステム導入プロジェクトの難易度は高まります。リーガルテック企業によっては、法務部の業務特性に鑑みて課題やワークフローを整理し、いまのリーガルテックでできることやできないことをふまえてあるべき導入プランを提案するコンサルティングサービスを有するものがあります。社内を巻き込んでいき、戦略的な動きをするのであれば、このような企業を選択することがよいでしょう。
サービスの体制は充実しているか（セキュリティー・コンプライアンス・サポート）	
サポート体制は充実しているか？	特に中規模以上の法務部において、新しいリーガルテック製品を導入する場合には、導入に手間とコツがいる場合があります。サポート体制として、専任のメンバーがついてサポートがされるのか、電話、メール対応のみなのか、確認しておくべきでしょう。
オンプレミス環境や、専用線環境に対応可能か？	契約書データは企業にとっての機密情報です。セキュリティーポリシー上クラウドサービスの利用が困難な場合であっても、オンプレミス環境やインターネットに出ない閉環境での利用が可能なサービスであれば、利用できる可能性があります。
セキュリティーの認証や監査を受けているか？	サービス企業自体のセキュリティーの安全確保も重要です。サービスがISMS等の認証を受けているか、脆弱性診断の監査を定期的に受けているか、という点を確認するとよいでしょう。
障害や故障に対するバックアップを備えているか？	契約書データが失われると、大きな痛手となります。また、システムが停止すると業務全体が止まってしまうおそれがあります。システムの稼働率や、過去に起きた障害、どのようなバックアップ体制が備わっているかを確認するとよいでしょう。
価格	
何に応じて課金されるサービスか？	従量課金なのか固定額なのか、アカウント数に比例するのか契約書数に比例するのか等、価格プランにはさまざまな形態が存在します。一見安いプランであっても、自社の法務部員の規模等をふまえてアカウント数を増やさなければいけないなどの理由により、予想より大きな金額になってしまうことも想定されます。使い方に鑑みて将来どのくらいの費用がかかるか推定しておくことをお勧めします。

第3章

LegalTechが法務の現場に与える影響

1 概　要

テクノロジーが日本社会に与える影響については、第1章で分析したとおりです。また、LegalTechの概要については第2章で概観しました。では、Legalすなわち法律関連の分野において、テクノロジーすなわちLegalTechの影響は、具体的にどのようなかたちで生ずるのでしょうか。

一般消費者が自ら法律関係の作業や検討を行うことはまれであり、たまにあったとしても、むずかしい問題については専門家に処理を依頼するのがほとんどだと思います。したがって、法律関係の作業や検討を行う当事者としては、弁護士等の法律専門家と、企業の法務部等（企業内で法律関係の業務を担当する方）の2種類が、基本的には想定されることになります。そして、テクノロジーの影響は、法律専門家に対する場合と、法務部等に対する場合とでは、異なることが予想されます。

もっとも、テクノロジーによる影響は、法律専門家か企業の法務部かによって大きく異なるというよりは、取り扱う案件や必要とされる作業の種類によって生ずる差異のほうが大きいと考えるべきかもしれません。具体的には、たとえば、単純作業や大量の情報の処理が必要とされる案件や分野においてはテクノロジーの影響が早く表れる可能性が高く、1件ごとに個別対応が必要な案件や人間の感情への配慮が必要な案件では、テクノロジーの恩恵を受けられるようになるには時間がかかると予想されるところです。そのような予想が正しいとすれば、定型的な契約に基づいて大量の同種取引を行う企業の法務関係の作業や、個人が関連する紛争であっても定型的な分野（たとえば交通事故など）については、早期に影響を受ける可能性が高いということになります。

2　具体的な分析

具体的にはどのような影響が生ずるでしょうか。企業法務を例にとって、テクノロジー、特にコンピュータが人間にどのような影響を与えてきたか、今後与えると予想されるかを図示してみると、このように整理されます。

(1)　コンピュータのない世界

そもそもコンピュータが存在しない時代についていえば、人間の能力には限界がある一方で、コンピュータの助けは得られないことから、図１－３－１のように、ある程度難易度が低い（現代であれば機械的に処理できる）ことであっても人間が行うほかはありません。契約書を手書きで作成したり、契約書の原本をファイリングしたうえで一覧表を作成したりすることを想像していただければと思います。また、難易度が低くても重要性が相対的に低くめんどうなことであれば、最終的には役に立つことであっても断念することが多くなるでしょう。そして、重要性が高い作業であっても、入手しうる情報には限界があり、結局は限定的な量の情報を処理するにとどまるということになります。

図表1－3－1　コンピュータ以前の人間の守備範囲

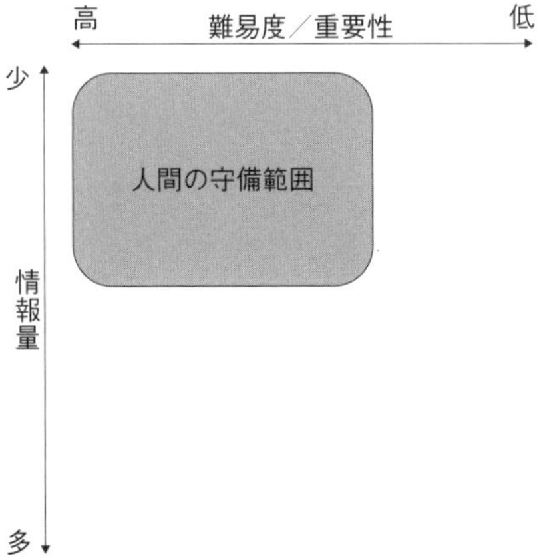

⑵　現　　代

上述の状況がテクノロジーの出現によって変化し、人間とコンピュータが一定の分担を行っているのが現代の状況です。図1－3－2は現代の人間とコンピュータの関係を示す模式図ですが、相対的に難易度が低い作業はコンピュータに任せることができるようになり（①の部分）、人間はよりむずかしい、頭を使う作業に集中することが可能になっています。契約書はPC上で作成できますし、契約一覧やデータベースもPCやサーバー上に作成・保管できるようになりました。また、難易度が高く重要性が高い作業についても、インターネット上での検索や判例・文献のデータベースの利用に典型的に表れるとおり、利用可能な情報量は増大しています（②の部分）。

もっとも、重要度や難易度がそこまで高くない作業を引き続

図表1－3－2　現代の人間とコンピュータの関係

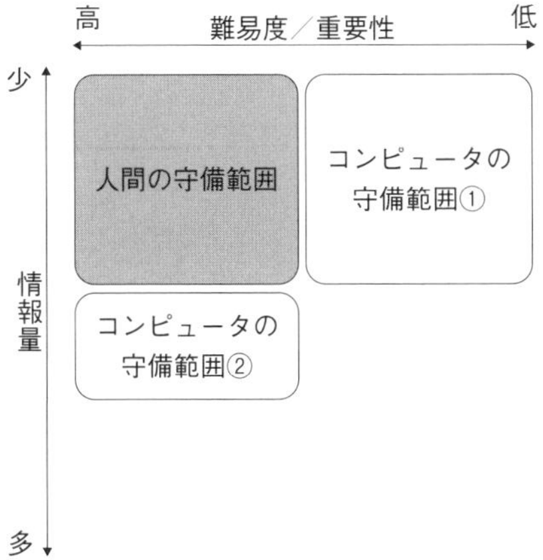

き人間が担当していることは否めませんし、重要度が高い作業についても扱える情報の量には限界があるというのが現在の状況であることも否定できません。

(3)　LegalTechが普及した世界

これが、LegalTechが進展し、さらなるテクノロジーの発展が法務分野にも導入された場合に予想される変化は、図1－3－3のようなものになるのではないかと考えられます。

まず、いままで人間しかできなかった、比較的難易度が高い作業についても、コンピュータが代替することが可能になると予想されます（①の(a)の部分）。契約書の自動レビューや自動ドラフティング、事実関係の自動整理や法的論点の自動整理といった機能をもつプロダクトが開発されれば、これらを利用することにより、いろいろな作業を人間がコンピュータに分担させ

図表1－3－3　LegalTechが見据える未来

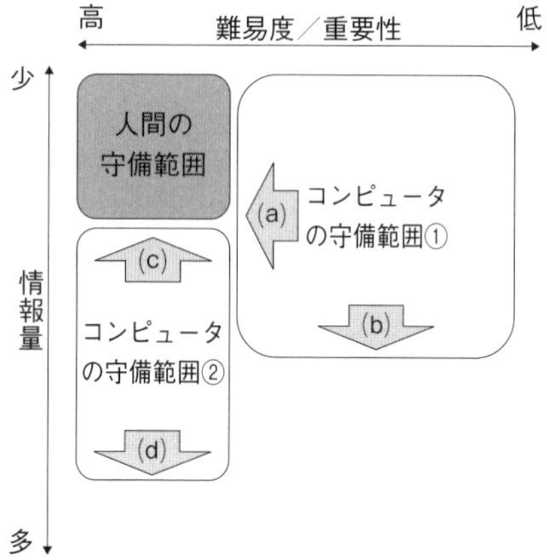

ることが可能になるからです。

重要性や難易度が高い作業についても（②の(d)）、そうでもない作業についても（①の(b)）、利用可能な情報量が増大することが予想されます。このような変化のベースとなるのは、クラウド化の進展によるコンピュータの性能向上やストレージの増大、文書や資料のデジタル化によるデータの蓄積によっていわゆるビッグデータの分析が可能になること、各組織内におけるデータベースの発展や既存の判例・文献データベース等の性能向上などの変化です。そして、人間が自ら扱う情報量は減少し（②の(c)）、人間はより重要で難易度が高い作業に集中することができるようになり、逆にそのような作業に集中することが求められるようになると予想されます。

⑷　作業量は減るのか

こうやってみると、人間の守備範囲は、図の左上に小さく集まってきて、狭くなっていることがわかります。これはすなわち、人間の行うべき作業の総量が減るということを意味しているのでしょうか。

幸か不幸か、その答えは、少なくとも当分の間は「NO」ではないかと私たちは予想しています。より難易度が高い作業に集中した場合に、その作業を処理するために必要な時間は、短いとは限りません。また、自ら直接処理すべき情報が少なくなったとしても、コンピュータに大量の情報を処理させるようになった場合には、人間は、①コンピュータにどのように処理するか指示するという作業、②処理結果を分析するという作業、③その分析をふまえて判断をするという作業を新たに行うことになります。結局、実態としては、より多くの情報をコンピュータの力を借りて分析し、それを用いて、難易度が高い重要な問題について、時間をかけて検討し判断することが求められることになるのではないかと予想されるのです。

第4章

弁護士法との関係

1 はじめに

LegalTechの進展にあたり、注意が必要なのは弁護士法との関係です。弁護士法とは、弁護士の職務や義務、弁護士会の制度などを定める法律ですが、そのなかには、「非弁活動の禁止」といって、非弁、すなわち弁護士資格がない無資格者の法律事務の取扱いの禁止を定める規定があります。LegalTech企業によるサービスの提供が、この非弁行為の禁止規定に該当する場合があるのかが議論されています。

2 弁護士法72条の要件

非弁活動の禁止の中心的規定が弁護士法72条です。同条は、「弁護士又は弁護士法人でない者は、報酬を得る目的で訴訟事件、非訟事件及び審査請求、再調査の請求、再審査請求等行政庁に対する不服申立事件その他一般の法律事件に関して鑑定、代理、仲裁若しくは和解その他の法律事務を取り扱い、又はこれらの周旋をすることを業とすることができない。」と定めます。この条文をシンプルに整理すると、①非弁護士・非弁護士法人が、②報酬目的で、③業として、④法律事件について、⑤法律事務を取り扱うこと（またはあっせんすることが）禁止されています。これに違反した場合は、２年以下の懲役または300万円以下の罰金という刑事罰が科されることになります（弁護士法77条）。

たとえば、コンサルティングファーム（「非弁護士」）が、クライアントから対価を受けて具体的な取引（「法律事件」）について法的なアドバイスを行って契約書を作成することは（「法律事務」）、非弁活動に該当するので禁止されています。そうであれば、LegalTech企業がフィーを受領して契約書を自動ドラフティングしたり、自動レビューしたりすることも、同様に禁止されてしまうのではないか、ということが議論されているのです。

弁護士法72条のうち、特に問題となる要件が、④の「法律事件」および⑤の「法律事務」となります。

何をもって④の「法律事件」というかについては、一般的には、訴訟や紛争のような法律上の権利義務に関し争いや疑義がある事件に限らず、契約の締結など、新たな権利義務関係を発生させる事件も含まれると広く解釈されています。このように法律事件性を広くとらえると、72条の網が広くかかり、非弁活動として処罰される対象が大きくなります。これに対して、現代における法律分野の拡大に伴い、あらゆる事項はなんらかの法律にかかわっていることが多く、権利義務を発生させる事項をもって「法律事件」の要件が満たされるとするのは処罰の範囲が広くなりすぎることから、権利義務の争いや疑義が一定程度成熟していることを要するとして、「法律事件」の適用範囲を限定する見解も主張されているところです。また、④の「法律事件」については、「他人の」法律事件を意味し、「自己の」法律事件は除外されるというのが当然の前提とされています。これにより、企業の法務部員が自社の法律事件を処理することは72条には違反しないと扱われています。

⑤の「法律事務」の解釈は、④の「法律事件」の解釈と連動しますが、④を法律上の権利義務に関し争いや疑義があり、または新たな権利義務関係を発生させる事件も含めると広くとらえる立場からは、法律上の効果を発生、変更する事項の処理に加え、確定した事項を契約書にする行為のように、法律上の効果を発生・変更するものではないが、法律上の効果を保存・明確化する事項の処理を含むと広く解釈されています。

また、①の「非弁護士・非弁護士法人」要件もしばしば問題になることがあります。たとえば、弁護士が法律事務所のパラリーガルなどの弁護士ではない職員に法律事務の補助をさせることは一般的であり、当然許されるものですが、法律事務のすべてが弁護士ではない職員により行われており、法律事務の核心部分の判断にも弁護士がいっさい関与していないようなケースにおいて、「非弁護士」によって行われたものとして、処罰の対象になった事案が少なくありません。このような弁護士法72条の非弁活動に弁護士が関与した場合は、弁護士会による懲戒処分の対象となります。

3 LegalTechの文脈における弁護士法72条の解釈指針

(1) 問題の所在

弁護士法72条は、法的な能力の担保のない非弁護士が他人の法律事件に介入することの弊害を防止するものです。たとえば、弁護士ではない者が交通事故の示談交渉を代行したりする場合が典型例であり、この場合の弊害は直観的に理解しやすいと思います。この趣旨はLegalTechの文脈でも該当する場合があることは否定できません。特に、不十分な品質のアウトプットのLegalTcchについて、弁護士が関与せずに具体的な事件への利用が想定されているような場合、そのLegalTech業者は弁護士法72条で処罰されうるのではないかということが問題となります。

しかしながら、LegalTechの健全な発展による利益はユーザーにとっても法曹にとっても大きいことはいうまでもありません。社会全体がAIを中心とする新しい技術の恩恵を受けて変化しようとする時代において、弁護士法72条の形式的な適用によりイノベーションの芽をつぶし、日本の法曹界・法律業界のみが取り残される事態を招くべきではありません。72条が守ろうとしている利益、防ごうとしている弊害を適切に回避しつつ、テクノロジーの発展による技術革新を実現できるような解釈論が期待されているのではないでしょうか。

(2)　判断の枠組み

LegalTechサービスに対する弁護士法72条の適用の成否の判断枠組みとしては、3つの軸に沿って整理することができるものと考えられます。

第一の軸は、法律事件としての成熟度であり、これは「法律事件」の要件の議論となります。すでに締結された契約書の管理、データベース化などのLegalTechサービスは、新たな権利義務関係を生じさせるものではないため、基本的に問題はないと考えられます。また逆に、法律や契約に関する一般的な情報提供については、法律事件に該当せず、やはり問題ないと考えられます。これに対し、個別の契約交渉、紛争、訴訟となるに従って、法律事件としての成熟度が高まっていき、法律事件性が認められることになります。第一の軸は「法律事件」の要件の議論であることから、法律事件として十分に成熟した事件に用いられるサービスであっても、以下の第二または第三の軸によって「法律事務」でないと判断されれば、弁護士法72条には反しないという整理が可能であると考えられます。

第二の軸は、ユーザーがだれかという点です。ユーザーが弁護士であれば、法律の素養がない者が他人の法律事件に介入する弊害の防止という弁護士法72条の趣旨は当てはまらないため、基本的に問題はありません。これに対し、ユーザーが弁護士ではない場合は、ユーザーの法的素養の有無により弊害が異なり、企業の法務部員よりも一般の個人の場合のほうが弊害が大きく、問題となる可能性も高まるといえます。

第三の軸は、LegalTechのプロダクトの性質（特に専門性・具体性の有無）です。たとえば、一般的な情報の提供や検索システムの提供、データの入力作業などの単純作業の自動化であれば、それは「法律事務」に該当しないと整理可能な場合が多いといえます。この点に関連して、他人性がないプロダクトであれば（すなわち、ユーザー本人にとっての法律問題の処理に関するプロダクトであれば）「法律事務」に該当しないという説もありますが、この点についてはいろいろな議論がなされているところです。

4　個別のLegalTechサービスの検討

LegalTechサービスといっても、多種多様なものがありますが、いくつか代表的なものについて弁護士法の問題点を検討します。

(1)　リーガル・リサーチ（法的調査・分析）

法令、裁判例情報を提供するシステムについては、一般的な情報を提供しており、特段の問題はないといえます。他方で、将来的に、たとえば、具体的な紛争の情報をインプットすると、過去の類似の事例が自動で抽出され、勝訴と敗訴を分けた事実関係が分析され、当該事案に当てはめたうえで勝訴確率が算出されるような法律相談システムが現れたとすると、弁護士法との関係で問題が生じうることは否めません。ただ、少なくとも、そのアウトプットを利用するのが弁護士であり、最終的には弁護士の実質的判断が介在するのであれば、問題は少ないものと考えられます。

(2)　契約書のデータベース化、ナレッジマネジメント

自社が過去に締結した契約書を一元管理してデータベース化し、契約更新のタイミングでアラートを出したり、契約の内容の傾向を分析したり、契約条項を検索したりするLegalTechサービスです。これらは社内の過去の案件を集約、蓄積して見える化し、ベスト・プラクティスを社内のメンバーに共有し、また過去にどのような条項が締結されているかの傾向を明らか

にしてリスクを分析するなどの目的に使われます。このようなデータベース化、ナレッジマネジメント自体は法律事件ではなく、また、ユーザーが法律事務を行うに際しての参考情報として用いられることが想定されており、問題はほとんどないといえます。

(3) 案件管理システム

M&A取引や複雑な金融取引など、大規模で複雑な取引の実施に際しては、秘密保持契約の締結から始まり、法的ストラクチャーの検討、デュー・ディリジェンスの実施、契約の作成・交渉・締結、当局への各種届出、関係者との調整、クロージングの実施等と、複数の弁護士・法務チームにより多種多様の大量の作業を行う必要があり、１つの作業の見落としや遅れが致命的になる局面も珍しくありません。ITシステムの構築などで一般的なプロジェクト管理システムが、法務の分野でも登場してきており、どのようなタスクがあり、だれが担当しており、どのようなステータスであるかを可視化するものが案件管理システムです。こちらは、取引の法務面のプロジェクト管理を補助するシステムであり、それ自体は法律事務に当たらず、問題はないものと考えられます。

(4) 契約書の自動レビュー、自動ドラフティング

いろいろな類型がありえますが、現時点の技術を前提として実効性がありうるモデルとしては、たとえば、各企業のプラクティスに応じて、契約類型ごとにロジックを事前に策定し、そのうえで一定の契約条件を入力すると複数のひな型のストック

のなかから取引にマッチするひな型を選択したうえで、当事者名等の情報を入力した契約書が自動作成されるものや、レビュー対象の契約書の一定のポリシーへの遵守状況が自動でモニタリングされたりするような場合などがあります。

これらは契約を締結しようとする段階で用いられるLegalTechであり、契約書データベース化とは異なり、法律事件性を広くとらえる立場からは法律事件性の要件に該当することになります。しかしながら、たとえば、前者についていえば、大量のひな型が掲載されており、索引が非常に詳しい書籍に類似すると考えることが可能ですし、特定のWordファイルの特定の場所に情報を自動入力するシステムには法律的な専門性がありませんので、法律事務には該当しないと解釈することも可能でしょう。また、後者については、適用されるポリシーの策定をユーザー（＝本人）が必要に応じて弁護士の助言を受けながら主体的に行うのであれば、あらかじめ本人が定めたポリシーを自動的に当てはめるシステムにすぎず、機械的で専門性を欠き、法律事務には該当しないと考えられます。

他方で、ユーザーがあらかじめひな型やロジックをつくることもレビューのポリシーを策定することもなく、出力された所与の契約書や契約条項をそのまま使用できるということをうたったLegalTechがあるとすると、それは弁護士法上の問題が生ずる可能性があります。その点で興味深い裁判例が2019年にドイツで現れています。この裁判例では、Q&Aに答えると自動的に契約書などの法律文書が作成されるLegalTechサービスが、弁護士以外が法的サービスを提供することを禁止する法令に違反すると判断されています。同サービスでは、弁護士よりもよいサービスを安価に提供するという点がうたわれており、この点が問題視された可能性があります。ドイツと日本では規制の内容が異なるためこの議論が日本で直接当てはまるわけではありませんが、一定の参考にはなると考えられます。

(5) 証拠収集・フォレンジックシステム

ｅディスカバリ（第２部第１章参照）や不祥事調査のためのフォレンジックシステムでは、膨大なメールや資料をシステムがレビューし、証拠となる資料が自動的に抽出されます。これは訴訟事件など具体的な法律事件に対するものであるため、法律事件の要件は充足されます。もっとも、ｅディスカバリや不祥事調査のためのシステムは、抽出された資料を弁護士がレビューし、取捨選択することが想定されているため、そのような使い方がされている限りは問題が少ないといえます。他方で、たとえば、一般民事の訴訟において用いる資料を収集するシステムであって、一般のユーザーが本人訴訟において用いられることが想定されているような場合は、弁護士法上の問題が生じうることは否定できないと思われます。

5 まとめ

前述の枠組みに従えば、個別のLegalTechサービスの弁護士法72条の該当性についても一定の判断が可能になると考えることができますが、弁護士法72条の文言は非常に抽象的であり、伝統的には「法律事件」「法律事務」などの要件が広く解釈されてきたことから、個別の事案に実際に弁護士法72条が適用されるかどうかは不明確さが残るといわざるをえません。弁護士法72条違反は刑事罰が科される行為であるにもかかわらず、その規定の文言は抽象的で解釈論も必ずしも固まっているわけではないことから、予測可能性に限界があり、新たなLegalTechサービスを提供しようとする者が必要以上に萎縮することが懸念されます。72条に形式的に違反する場合であっても、正当業務行為という刑法の一般原則（刑法35条）により、実質的に違法性のない正当な業務行為であれば処罰されないということはいえますが、事前のガイダンスなしに個別事案ごとに判断されるとすれば、法的不安定さが否めません。そのため、弊害の生じない社会的に有用なLegalTechサービスの発展を念頭に置いて、不当な萎縮効果が生じないよう、弁護士法72条の解釈が明確化され、一定のガイドライン等が策定されることが望まれます。

第2部

LegalTechの現在地

第1章

諸外国における状況

第１部では、LegalTechの変遷や企業法務の現場に与えうる影響について概観してきました。第２部では、具体的な事例や活用法、現場の課題等に焦点を当てていきたいと思います。

まず本章では、本書が執筆された2020年５月現在において、LegalTechとしていったいどのような取組みがすでに行われており、どのようなことができるのかを、日本よりもLegalTechの取組みが進んでいる諸外国における事業状況や事例を中心にご紹介いたします。また、海外とはいえLegalTechはまだ発展を続けている最中であるため、取組みの種類もさまざまで普及率や実際の成果などを取り扱ったレポートが十分に出揃っていない状況もあるため、取組みの期待度や加速度を測る指標として市場規模や投資額・資金調達額なども広くご紹介させていただこうと思います。

LegalTech業界には多種多様なプロダクトが乱立しており（世界で1,200社以上のLegalTech企業が存在しています[8]）、カテゴリを上手に切り分けるのがむずかしいのですが、できるだけ区分がわかりやすく、かつ幅広くご紹介できるように整理しました。なお、日本の企業法務において特に注目すべきトピックについては、次章以降でさらに個別に掘り下げていきます。

1　eディスカバリ

eディスカバリは、現在LegalTechとして取り組まれている

8　https://techindex.law.stanford.edu/

領域のなかでは、かなり早期からITの活用が行われており、また市場規模も大きい分野です。日本ではあまりなじみがないかもしれませんが、アメリカの民事訴訟手続の1つである証拠開示（ディスカバリ）制度と密接に結びついた事業分野です（図表2－1－1参照）。証拠開示とは、起訴が行われてから審議・判決に入る前に、原告と被告人のそれぞれがその訴訟にかかわるすべての資料を収集して、重要書類はすべて開示し、事実を発見する手続のことです。eディスカバリ（電子証拠開示制度）は、Emailや電子データなども紙の資料と同様に開示対象とする制度のことを指すので、LegalTechにおけるeディスカバリ分野を正確に表現すると、「電子データも含めた証拠開示手続に対応するための業務支援サービスおよび効率化プロダクトの分野」となります。

eディスカバリ分野でLegalTechに期待されているのは、多大な業務負荷を下げることです。電子データが開示対象に含まれたことで調査対象の情報量が爆発的に増加したことに加え、モバイル端末の利用拡大、コミュニケーションツールの多様化、コンプライアンスや個人情報保護等のポリシーの厳格化など、eディスカバリ対応の業務負荷は増大していく一方であるため、一連の作業に要する費用総額も高額になってきており、1件当たり数千万円、大きいものでは数億円規模になる事例もあるようです[9]。なお、eディスカバリは重要資料の開示もれ

図表2－1－1　アメリカの民事訴訟手続の流れ

等の規則違反を行ってしまうと重い罰則（多額の制裁金を科されたり、判決で不利な扱いを受けたりするなど）があるため、他のLegalTech領域と比べると活用の重要性が比較的高い分野となっています。

ｅディスカバリ対応の具体的な流れとしては、まず訴訟に関連する会社や部署や従業員などを特定した後、関連データを複製して専用システムに投入することにより、証拠となりうるデータを網羅的に保全します。そのうえで、大まかに該当期間などの条件で対象範囲を絞り込み、１つずつ資料をレビューして裁判所に提出すべき重要書類を確定していきます（図表２－１－２参照）。特に資料の絞り込みにおいて、該当期間などによる画一的な絞り込みだけでなく、機械学習を使って資料の重要性や訴訟になっている問題との関連性を判断する取組みはプレディクティブ・コーディング（Predictive Coding）と呼ばれています。プレディクティブ・コーディングは、毎回の案件が始まる際に少数のサンプルデータを選んで重要か否かのラベルを人間がつけ、その傾向を機械学習して残りの全資料の自動仕訳を行う流れで行われます。こういったシステムや工夫を活用しながら膨大な資料レビューを進めていくやり方は主流になってきており、具体的なサービス例としてはモダンなプロダクトを提供するLogikcullのほか、Thomson ReutersのeDiscovery Point、LexisNexisのConcordanceなどがあります。

他の分野と比べて、ｅディスカバリ分野はプロダクトを提供する事業者以外にも、実際に資料レビューを行ったり、対応業

9　https://www.jstage.jst.go.jp/article/jasmin/2014s/0/2014s_125/_pdf/-char/ja

図表２－１－２　eディスカバリの流れ（EDRM：電子情報開示参考モデル）

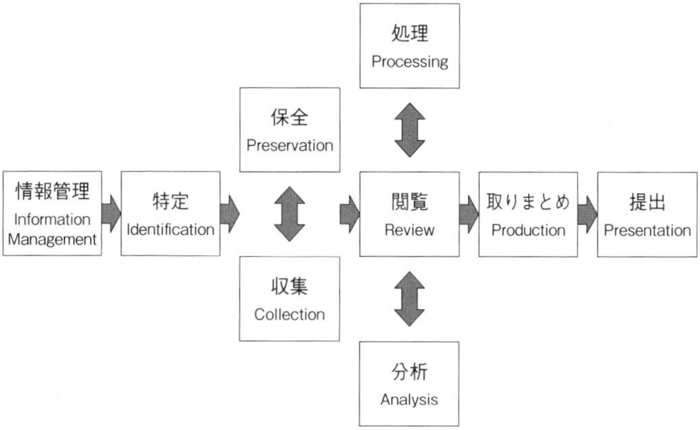

（出典）　https://www.eyjapan.jp/library/issue/info-sensor/pdf/info-sensor-2015-05-09.pdf（一部、翻訳を改訂）

務フローの構築などのコンサルティングを行ったりすることで収益をあげる事業者も多く存在します。2019年における市場規模は112.3億米ドル（うち約30％がプロダクト単体の市場規模）であったと推定されており、2024年には206.3億米ドルまで成長すると予測しているレポートもあります[10]。なお、2019年の市場規模である112.3億米ドルのうち、アメリカ市場が占める割合は63％でした。

10　https://complexdiscovery.com/an-ediscovery-market-size-mashup-2019-2024-worldwide-software-and-services-overview/

2 リーガル・リサーチ（法的調査・分析）

リーガル・リサーチ（法的調査・分析）の分野では、デジタル化される前から長らく役割を果たしてきた企業が活躍しています。彼らは、広範な事例・法務ナレッジ・ひな型等のコンテンツを制作し、定期的に見直して情報を最新に保ちながらWebサービスとして提供しています。具体的には、Thomson ReutersとLexisNexisが有名でしょう。Thomson Reutersは、WestlawやPractical Lawなどが従前から業界に貢献してきた情報サービスとして有名ですが、自然言語処理技術も活用した新時代のプラットフォームを目指してWestlaw Edge[11]を2018年にリニューアル・オープンしており、他分野への展開も視野に入れたプロダクト開発[12]や買収[13]も行っているようです。LexisNexisは、調査・分析に関するさまざまな機能をもつプラットフォーム[14]として海外で広く利用されており、近年では買収によって調査・分析に強みをもつ企業をグループ傘下に迎え入れたりして自社のラインアップを強化しています[15]。とにかく幅広い国・法律・規制・業法・訴訟等に関する情報を収集して分析することができる統合ツールを目指しているようです。

このように、すでに大企業の仲間入りを果たしている２社が

---

11 https://legal.thomsonreuters.com/en/products/westlaw

12 https://legal.thomsonreuters.com/en/products

13 https://www.crunchbase.com/organization/thomson-reuters/acquisitions/acquisitions_list

14 https://www.lexisnexis.com/en-us/home.page

リニューアルや事業拡大、買収などを進めている一方で、とにかく使いやすさや検索、関連性・優先度にあわせた情報のレコメンドにこだわってプロダクトを開発し、リーガル・リサーチ（法的調査・分析）業務に貢献するプレイヤーも出てきています。リーガル・リサーチ（法的調査・分析）に使える法令や事例の情報は、簡単な条件で絞り込むだけでは数百件を超える情報がヒットしてしまうほど膨大であり、すべての情報に目を通しながら有益な情報を探すという作業は非効率であるため、関連性の高さや文献の引用関係などを機械が判断して優先的に並べる等のアプローチをとることで調査の効率性を向上させているようです。有名な例としては、AI LawyerやLegal Robotといった単語と一緒にメディアで紹介されることの多いROSS[16]があげられます。現在、ROSSはアメリカにおけるリーガル・リサーチ（法的調査・分析）のみを対象としているようですが、「WestlawやLexisNexisで時間を浪費するのはもうやめよう」というメッセージを掲げており、実際に利用実績も増えてきているようなので、今後の発展に期待できるかもしれません。

---

15 https://www.lexisnexis.com/infopro/keeping-current/b/weblog/archive/2016/09/22/lexisnexis-announces-its-intention-to-acquire-intelligize-expanding-its-securities-and-m-amp-a-offering-and-continuing-to-invest-in-analytical-tools.aspx
https://www.lexisnexis.com/infopro/keeping-current/b/weblog/archive/2017/06/14/lexisnexis-acquires-ravel-law.aspx
https://www.lexisnexis.com/en-us/home.page

16 https://rossintelligence.com/

3　訴訟・紛争

訴訟・紛争分野に関するLegalTechのトピックは大きく２つあり、１つはすでにご紹介したｅディスカバリ分野の発展、もう１つは統合分析ツールの発展だと思われます。統合分析ツールの発展によって、従来は情報ポータルとして訴訟・紛争の事例を検索したり詳細を閲覧したりすることが中心だったものから、案件を横断して傾向や特徴などを多角的に調査・分析することができるようになってきたようです。法務調査・分析分野でも活躍しているThomson ReutersやLexisNexisなどがこれらのツールを発表しています。

また、訴訟・紛争情報の分析が便利になっていくにつれて、裁判官の判断傾向などを分析することで、効果的な主張や振る舞いを弁護士が考えられるようになるといった側面もあります。実際、判決予測の分野に取り組んでいる企業もあるようなのですが、フランスでは裁判官個人の傾向分析が法令で禁止されるなど、社会にどう受け入れられていくのかはまだ未知な領域です。

4　契約書レビュー

契約書レビューは、「機械が契約書をレビューする」というアイデアに基づくものであり、LegalTechのなかでも注目されやすい分野である一方で、誤解が多い分野でもあります。まず、どのような契約書が対象でも機械が完璧なレビューをできるというコンセプトは現実的ではないと考えたほうがよいでしょう。その技術的な理由や法務実務上の理由は第３章にて詳しく解説いたします。海外のサービスでも、そのような柔軟な自動レビュープロダクトを提供している会社は2020年５月現在、ほとんど見当たりません。契約書レビュー分野にある実際のプロダクトとしては、大きく２種類、企業向けのものと法律事務所向けのものがあります。

企業向けの契約書レビュープロダクトとは、社内で定型性が高くレビュー頻度の高い契約書について、先に定めておいた特定論点のみ自動的にレビューするというものです。反復的で難易度の低い作業を機械に任せて、コストカットとパフォーマンスの向上を図ろうというコンセプトです。ほとんどのプロダクトは、「安価に提供している汎用レビュープラン」と「企業ごとに自動レビュー内容をカスタマイズするプラン」を用意しています。ただし、カスタマイズプランを利用すれば何でも実現できるというわけではないので、具体的な注意点を２つご紹介します。

１つ目は、機械学習を使う以上は精度が100％になることは理論的にありえないということです。そのため、たとえば５％は見落とす可能性があるという前提で、プロダクトをどう活用するか判断しなければいけません。５％のリスクを受け入れるか、ダブルチェック前提の業務フローを設計するかを個別業務ごとに検討する必要があります。現実には、そもそも人間も精度100％ではありませんので、現状と比較して実質どれだけのリスクの増分（もしくは、減分）があるのかを調査するほうが

図表2－1－3　人間参加型（Human in the Loop）プロダクト

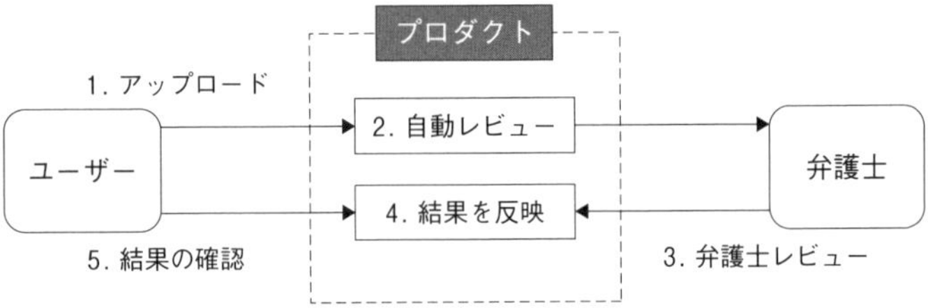

先決かもしれません。プロダクトによっては、機械によるレビュー結果を弁護士の目でレビューしたうえでユーザーに結果を返すというオプションをもっているプロダクトもあります。最低1～2営業日はかかってしまいますし、レビュー依頼の件数に応じた追加料金も必要ですが、それでもメリットを見出して導入している企業も存在するようです。ちなみに、機械学習を使った業務では、このように精度が100％にならないがゆえに、業務フローの途中に人間の作業を介在させるアプローチが採用されている場面が多く、「Human in the Loop（人間参加型）のプロダクト」と呼ばれています（図表2－1－3参照）。

注意点の2つ目は、自社にあわせてカスタマイズ対応する契約書の種類とチェックすべき論点の数にあわせて、それぞれカスタマイズ料金の見積りが必要であるということです。費用感はプロダクトによって異なりますが、それぞれ費用対効果を検討して要否判断をする必要があるでしょう。企業向けの具体的なサービス例としては、契約書レビュー関連業務の円滑化を掲げるLawGeex[17]や、秘密保持契約のみに絞って自動レビュー

17　https://www.lawgeex.com/

botを運営するNDA Lynn[18]などがあります。

法律事務所向けの契約書レビュープロダクトとは、主に法務デュー・ディリジェンス（M&Aの際に、買収ターゲット企業の法的リスクを明らかにすること）のような大量の資料をしらみつぶしにレビューしていく業務を支援するプロダクトです。企業に保管されていた過去の資料を使って業務が行われることから、紙をスキャンしたPDFやとても古いファイル形式のものまでさまざまなファイルを大量に扱える必要があるだけでなく、企業向けの契約書レビューとは異なり特定のひな型をベースに作成されたものとは限らないため、技術的な難易度が高いのが特徴です。一方で、法的な解析以前の課題として、特に海外では買収ターゲット企業が当事者となっている契約書の使用言語や準拠法のバリエーションが多くなりがちなため、法務デュー・ディリジェンスのチーム編成を決めるために言語の分布を確認したり、各メンバーの進捗状況を可視化したりするといった機能だけでも一定の価値があるケースもあるようです。海外の各法律事務所は法務デュー・ディリジェンス支援のプロダクトの実証実験をしながら有効な使い道を模索していて、ダブルチェックによる見落とし防止や、紙を使わずにシステム上でレビューを完結させることによる業務効率化を利用価値としてとらえる見方が主流のようです。法律事務所のなかには、契約書レビューにかかる時間の20〜60％程度は削減できたのではないかと答えているところもあるそうです[19]。具体的なプロダ

18 https://www.ndalynn.com/

19 https://www.lawsociety.org.uk/support-services/research-trends/lawtech-adoption-report/

クト例としては、法務デュー・ディリジェンスに限らず幅広い領域の文書解析を手掛けるKira Systems[20]や、イギリスの有名法律事務所であるSlaughter and Mayから出資を受けているLuminance[21]などがあります。

5　契約書ドラフティング

契約書ドラフティング分野では、契約書ごとに条件分岐や必要な入力項目を決めてシステム化していくことで、直接Wordファイルを編集することなく契約書を作成することを目指しています。このような取組みは特に新しい技術を必要とせず基礎的なIT技術さえあれば開発できてしまうので、それなりに歴史があり、海外では過去にDocument assemblyと呼ばれていた時期があるようです。具体的なプロダクト例としては、Thomson ReutersのContract Express[22]が有名かと思います。

契約書ドラフティング分野の取組みにおいて重要なのは、法的な専門知識をしっかり反映したプロダクトを開発できるかという点と、現実にはとても複雑な条件分岐が多くあるなかで、ユーザーにとって使い勝手のよいプロダクトに設計できるかという点です。多くの業務知識を必要とする契約書や潜在的に法務論点が多い契約書などは複雑性が非常に高まりますし、全体的に平易にみえる契約書でも特定の条項の扱いだけ複雑な条件

20　https://kirasystems.com/
21　https://www.luminance.com/
22　https://legal.thomsonreuters.com/en/products/contract-express

が含まれているといったケースも現実には難易度が高いです。また、ユーザーからみた使い勝手を向上させる工夫として、一度にたくさんの情報入力を要求するのではなく、１つずつ質問に答えていくことで契約書ドラフティングを行う対話型インターフェースも注目されていますが、対話型のプロダクトは従来のITプロダクトに比べて開発難易度が高く、まだ適切な開発・管理手法も発展途上であるため、費用が大きく上がってしまううえに、最終的に実務で適用するレベルのものができないままプロジェクトが失敗してしまいやすいといった傾向があります。専門家同士の協働や、対話型プロダクトの開発手法の発展などによって、革新的なバリューを発揮するプロダクトが誕生することが期待されています。

6　契約管理

　契約管理は、従前から取組み自体は広く行われていた分野ではありますが、自然言語処理技術の発展によって特に実現できることが増え、インパクトが大きくなってきたことで注目されています。従前から行われてきた取組みとしては、「契約書の書類自体を倉庫業者と連携して管理する」「電子データを安全な環境で保管する」「契約書のうち管理したい項目だけを手入力してExcelのように管理するシステム（台帳管理とも呼ばれます）を構築する」等があげられます。さらに開発予算をかけられる企業では、外部の開発会社に頼んで契約に関する相談・作成・レビュー・承認などのプロセスをシステム上で行って可視化できるようにしたり、システムで管理している契約情報から営業・顧客管理や財務・会計処理などに連携できたりするといった方向で、大幅カスタマイズを前提にしたソリューション開発が行われてきました。日本でいえば稟議システムや電子決裁システムといった呼ばれ方をするものにイメージが近いかもしれません。稟議という仕組み自体は日本独自の慣習であるといわれることもありますが、業務フローをシステム管理してステータスを可視化し、適宜承認権限をつけて運用するシステム自体は海外にも多く存在しています。

これらの領域がLegalTechとして注目されるようになったのは、もともとは大幅なカスタマイズを前提に各社専用につくられていたシステム領域であるためにX-Tech SaaSによる業務効率化余地が大きく、DXによる大幅な業務変革も期待できるからだと思われます（第1部第2章参照）。特に契約書の作成・レビュー・締結・管理を行う一連の業務プロセスはカスタマイズにこだわらず標準化されていくことが志向されており、この領域はCLM（Contract Lifecycle Management、契約ライフサイクル管理）と呼ばれています（図表2－1－4参照）。1.15億米ドルの資金調達をしてユニコーンとなったIcertis[23]のほかにも、5,500万米ドルを調達したContractPodAI[24]や1,500万米ドルを調達したSeal Software[25]などが有名です。彼らの特徴は扱っているプロダクトのカバー範囲がとても広いことで、いろいろな業界に対してすでにシステムを提供している実績があり、

23 https://www.icertis.com/
24 https://contractpod.com/
25 https://www.seal-software.com/

図表2－1－4　CLM（契約ライフサイクル管理）プロダクトの機能イメージ

契約書作成	あらかじめ用意されたテンプレート（ひな型集）から用途にあったものを選択し、システム上で必要な情報を入力していくことで契約書の叩き台が完成。
レビュー	関係者への確認、レビュー、承認のタスクとステータスを可視化。
締結	承認された契約書は、電子締結サービスと連携して契約締結処理を行う。
管理	締結された契約書ファイルと情報を一括管理し、検索や他の業務管理系システムと連携する。

Salesforceを代表とする他の業務管理系SaaSとも連携が可能なようです。

契約管理の分野は、DXを目指す企業にとって、とても重要な事業基盤となることが予想されます。LegalTechで注目されている分野としてすでにご紹介した契約書作成や契約書レビュー、次にご紹介する案件管理などとの連携による大幅な業務変革が期待できるだけでなく、機械学習と自然言語処理の発展によって書類の検索技術も向上しており、管理対象である過去データを資産・ノウハウとしてフル活用することができるようになることが期待されています（詳細は第2章で解説します）。

7　案件管理

案件管理分野は、法律事務所や企業法務部で利用される案件・業務管理をするプロダクトで、海外ではPractice Management、Matter Managementなどさまざまな呼び方があります。具体的には、「いまどのような仕事があり、だれが担当していて、どのようなステータスなのか」といったことをシステムで管理することで案件や業務の可視化や効率化を図ろうというものです。機械学習や自然言語処理などの新しい技術を必要とする分野ではないので、従前からプロダクトは存在していますが、2016年に5,000万米ドルを資金調達した後2019年にThomson Reutersに買収されたHighQや、2019年に2.5億米ドルを資金調達したClioなど、現在も活発な動きがある分野です。これらのLegalTech企業は、従来の案件記録・行動記録・請求管理等の機能群に加えて、スマートフォンアプリへの対応（iOS/Android）による使い勝手の向上や、外部サービス（OutlookやGoogle Driveなどのビジネスツール、Salesforceなどの顧客管理ツール、eディスカバリや法務調査用のツールなど）と簡単に連携できるインテグレーション強化に力を入れているようです。

8 知的財産

知的財産分野は、特許や商標などの知的財産について、既存情報のリサーチや申請書の作成、権利の管理などの業務を効率化しようとしています。新規事業開発におけるアイデアや技術的発明の重要性が増してきており、自社が権利を取得したいと考えている発明やデザイン（特許や商標など）に関する事前調査や申請、また、競合企業が保有する知的財産権に関する調査などへのニーズが数とスピードの両面で高まってきていることが背景にあると思われます。たとえば商標などについては、簡単なリサーチのみであればWebサイト上ですんでしまい、詳細調査や申請を依頼する場合には料金が発生するといった具合のようです。具体的なプロダクト例としてはTrademarkNow[26]やClearAccessIP[27]などがあげられます。

また、自社のブランドや商品を偽造などの商標権侵害・著作権侵害や詐欺被害の拡大から守ってくれるブランド保護サービスの領域でも、自然言語処理や画像解析の技術発展によって、人力中心ではなく技術主導のサービスが登場してきているようです。たとえばブランド保護サービスを提供するRed Points[28]では、ECサイトやSNSなどインターネット上でやりとりされている画像やコメントを解析し、クライアントが保有する商品ブランドの商標権侵害や詐欺被害を検出した場合はレポートと削除申請を行います。従来は人力であらゆるWebサイトをキーワード検索する程度が労力的にも限界でしたが、これにより効率と効果が向上しているとのことです。

9 ALSP（Alternative Legal Service Provider）

カテゴリ分けとしては適切ではないかもしれませんが、海外のLegalTechに関するさまざまなレポートや記事に登場する

---

26 https://www.trademarknow.com/
27 https://clearaccessip.com/
28 https://www.redpoints.com/

「ALSP」という単語についても、ここでご紹介します。ALSPとは、Alternative Legal Service Providerの略で、法律事務所や弁護士とは異なる方法で法務分野のビジネスを行っている事業者全般を指す言葉です。従来どおり案件を受注して人力でプロフェッショナル・サービスを提供している場合もありますし、プロダクトを提供することで事業を行っている場合もあります（現在では、ALSPとLegalTech企業の意味の違いがあいまいになってきている側面があります）。

ALSPの商流としては大きく２種類あります。１つ目は、企業法務に関連する業務のうち、従来は法律事務所に依頼したり自社の従業員によって行われていたりした業務を別の事業者に置き換えるというものです。海外での特筆すべき動きとしては、会計Big４といわれる大手会計ファームが法務領域にも事業進出を始めており、法律事務所と顧客を奪い合う場面も生まれているという調査結果がありました[29]。ほかにも、海外ではLPO（Legal Process Outsourcing、法務業務の外部委託化）といわれる事業者もおり、定型的な業務を集約することでコストパフォーマンスに優れたサービス提供をしているケースや、相対的にコストが低い弁護士や法律事務所にアウトソースするケース（たとえば、アメリカやイギリスからみると、インドの弁護士は相対的にコストが低く、同じ法体系のルーツをもっており、また英語も話せるため注目されているそうです）などもあります。もう１つの商流は、法律事務所や弁護士自身が自社の業務効率化やクオリティアップを目指してALSPを利用し、競争力を高めて

29 https://legal.thomsonreuters.com/content/dam/ewp-m/documents/legal/en/pdf/reports/alsp-report-final.pdf

いるというものです。

法律事務所の側も、新たなビジネスモデルや料金体系、新たな業態への進出の必要性を感じているところは多いようで、ALSPとの付き合い方や今後の事務所方針を模索しているようです。外部のプロフェッショナル・サービスを活用しながら業務改革を検討している法律事務所やLegalTechプロダクトを試験的に導入して効果を検証している法律事務所のほかに、特定のLegalTech事業者とパートナーシップを締結して業界を大きく変えていこうとしている法律事務所もあります。海外では法務デュー・ディリジェンスプロダクトのLuminanceに出資をしたSlaughter and May[30]の事例があり、日本では（筆者らが属する例で恐縮ですが）同じく法務デュー・ディリジェンスプロダクトを提供していたMNTSQに対して長島・大野・常松法律事務所が資本業務提携を実施し、企業向けプロダクトへの進出を発表した事例があります[31]。

10 その他

ほかにも、いくつかのトピックについて簡単にご紹介したいと思います。

1つ目は契約書の電子締結です。手続の電子化という文脈

30 https://www.slaughterandmay.com/news-and-recent-work/news/luminance-launches-with-backing-of-invoke-capital-and-in-collaboration-with-slaughter-and-may/

31 https://www.mntsq.co.jp/news/partnership-with-noandt-and-pksha

で、LegalTechが注目される以前から始まっていた取組みなのですが、規制と慣習を乗り越えて海外では広く受け入れられる分野に成長しており、主要プレイヤーであるDocuSignは2019年に前年度より35%成長して7.1億米ドルの売上げを達成しています。DocuSignは充実したAPI群を公開することで大企業がもつ業務基幹システムとの連携を実現していましたが、2019年に電子締結だけでなく契約プロセス全体を効率化・管理する自社プロダクトを発表し、CLMプロダクトの分野に進出する意思を表明しました。彼らによると、プロダクトの市場規模は最大で500億米ドルと推定されるそうです。日本に目を向けると、日本独自の商慣習（押印など）に寄り添うかたちでサービスを成長させてきたクラウドサインなどは、海外の主要プレイヤーと比較すると後発であるものの負けることなく、徐々に国内でも認知が広がりつつあるといえるでしょう。

２つ目はNoCodeといわれる分野です。NoCodeはその名のとおり、プログラミングができない人（コードが書けない人）でも、Webサイトやアプリケーションがつくれるサービス全般のことを指します。そのなかでも、たとえば契約書作成や契約管理における特定の業務を切り出し、企業側の事業部や法務部に属する従業員が自分で自動化することができるというツールにも注目が集まっています。契約書ドラフティング分野でご紹介したような、LegalTech企業側が条件分岐やシステムの仕様を組み立てるのではなく、ユーザー側が自分で組み立てながら便利ツールをつくれることを目指す取組みです。たとえば、Neota Logicは海外法律事務所で導入されており[32]、さまざまな業務の自動化への挑戦が行われているようです。たとえば、秘密保持契約書の作成・所内レビュー・締結業務を管理する便利ツール「Perfect NDA」や、案件管理プロダクトのHighQと連携することで、案件資料の情報をまとめた簡単な資料を作成してメールを自動送信するといった取組みなどがあるそうです。

3つ目は、アメリカやイギリスとは少し離れて、東南アジアでの事例も2つほど紹介したいと思います。1つはタイのACAYA[33]というプロダクトで、法務調査分野ではあるのですが、Thomson ReutersやLexisNexisのような、大量の情報のなかから適切な情報を検索できることを目指すようなプロダクトとは異なっています。法務プロセスの民主化をテーマにしており、タイの法体系自体をオンラインで閲覧しやすく、そして探しやすくすることで、弁護士以外も気軽に法にアクセス可能な状態をつくることを目指しているようです。もう1つはブルネイ・ダルサラームのMemori[34]というプロダクトで、遺言や遺品の作成・管理・受渡しを一括して行ってくれるブロックチェーン・ベースのプラットフォームです。友人・知人への相談が心理的にむずかしく、専門知識をもった弁護士による作成と信頼できる保管者が必要な遺言という仕組みをより便利にすることを目指しているようです。

4つ目は、LegalTechと呼ぶべきものであるかはさておき、ITを活用してサービス提供の仕方を工夫している法律事務所の事例をご紹介します。Online Legal Serviceと呼ばれること

---

32 https://www.neotalogic.com/department/law-firms/
33 https://www.acaya.ai/
34 https://www.memori.io/

もあるようですが、新興の法律事務所で、ITを駆使して社内の業務効率を高く保ちつつ、従来とは異なるサービス体系や料金プランをもっていることが特徴です。たとえば、オランダのLigo[35]は、定型的な依頼（法人設立や社内規則レビューなど）をパッケージとして切り出してWebページに対応価格を公開したり、作業量とオプションにあわせてSaaS企業のような月額料金表を公開したりしています。

11 まとめ

本章では、海外のLegalTechに関する取組みをカテゴリ別にご紹介してきました。IT投資が遅れがちであった分野に対して、技術活用により業務効率性の向上やコストカット、情報の可視化などさまざまなことを目指した取組みが生まれています。次章以降では、特に日本の企業法務に焦点を当てて個別に掘り下げていきます。

35 https://www.ligo.nl/?locale=en

第2章

Topic①
——契約に関するLegalTech(i)：DXと契約管理

1　契約に関するLegalTech

本章では、契約に着目したLegalTechについて概観します。「契約」はあらゆる企業活動の根幹であり、新規の契約を獲得し、または既存の契約を更新することは日々の業務の1つのゴールであるともいえます。ところが、その内容を記載した「契約書」となると、とたんに法務部の専門領域であるように思われ、法務部外の方からすると「できれば自分はみたくない」と感じられるのではないでしょうか。文字がびっしりと書き連ねられ、それぞれの条項が何をいいたいのか必ずしも明確ではないうえに、締結後に振り返ることもほとんどないことが実情であるように思われます。

そして、締結後の契約書データをうまく扱うことがむずかしいのは、事業部の方だけでなく、法務部の方であっても同様であったのではないかと思います。契約書データを体系的に参照することがむずかしいため、契約に関する経験は担当者の記憶に残っているのみであり、また、その担当者も過去のすべての事例をいつまでも記憶しているわけではありません。そのため、どのような会社にとっても、自社の締結している契約の全体像を客観的に把握したり、各担当者の契約書に関するナレッジ（今後の契約業務に活かすべき経験・知見や、過去の特定の契約に関する背景知識）を組織全体のものに昇華させ、契約業務のプラクティスを継続的に改善・進化させていくことはむずかしかったのではないでしょうか。

一方で、契約ほど自然言語処理技術（人間が記述した言語の意味を機械学習によって解釈することができる技術）の発展によって大きく変革される可能性のある分野はないように思います。契約書は「言語」の塊であり、かつ、フォーマットや表現の類似性が高いため、自然言語処理による解析との親和性がきわめて高いことがその理由です。

本章で述べるとおり、自然言語処理技術の発展によって、契約書データそのものから実に多くのことを可視化することができるようになりました。これによって引き起こされるのが、本章でこれから説明する「契約業務のデジタルトランスフォーメーション」です。契約交渉は、担当者のあいまいな記憶に基づくものから、データに基づくものに変革されようとしています。また、従来はサーバーに死蔵されていた契約書は、自然言語処理技術で解析されることによって、将来に活かせる「会社の資産」となり、今後の契約交渉ひいては事業全体を効率化・高速化し、さらに企業のリスク回避能力を向上させる可能性を秘めています。

契約に関する業務のフローを大別すると、図表２－２－１のように整理することができると思います。

本章では、自然言語処理技術によって引き起こされる契約業務のデジタルトランスフォーメーションとは何かについて私見を述べます。そのうえで、「契約管理」が契約業務のデジタルトランスフォーメーションを実現する鍵であり、ドラフティングや契約交渉を含んだ契約業務全体の効率化につながるものであることを説明します。

図表2－2－1　契約業務のフロー

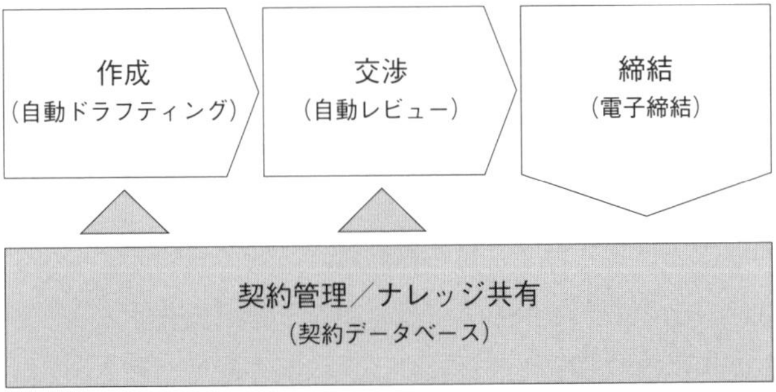

2　契約業務のデジタル・トランスフォーメーションとは何か

(1)　自然言語処理技術の登場前の契約業務

本項では、まず、自然言語処理技術の登場前の契約業務が構造的に抱えていたむずかしさを描き出したいと思います。この契約実務のむずかしさは、法務に関与される方にとって長い間当然のことであったことから、もはや問題としても認識されづらいのではないかと思いますが、自然言語処理技術の発展により解決される可能性が存在します。

①　知識の属人化と消失

これまで、契約は「締結されたら終わり」のものでした。価格や納期などの取引上の主要条件さえ決まってしまえば、その他の契約文言は「細かなもの」にすぎず、締結された契約書は倉庫にしまわれ、興味をもたれることはほとんどなかったのではないかと思います。

同様に、契約交渉の経験から得られるナレッジも、法務部のうち各案件の担当者が記憶しているだけであるため、時間がたてば忘れられていき、また、担当者が部門を離れた場合には永久に消え去ってしまうことが通常であったのではないかと思います。

一方で、担当者が新たに契約の検討をする場合には、(よほど簡単なものでなければ) 類似する過去の事例をいくつか収集して、適切な契約書を参照することが必要となります (第3節(2)参照)。このとき、担当者にとっては、自分個人の記憶のなかにしか類似案件の手がかりがないのが実情でした。幸運なことに手がかりとなる可能性のある契約書が思い当たった場合でも、その最終版がデータとして残っていないことも珍しくありません。仮に、最終版の契約書をスキャンしたデータがどこかに保存されていたとしても、海から砂金を探すように、大量のファイルが保存されたサーバーのなかからファイル名を検索して手当たり次第に探す必要があったと思います。そして、ようやく見つかった契約書を確認すると、交渉中の案件とは実は経緯が異なるものであり、結局のところ参考にならず、また一から手がかりを探すというご経験をされた方も多いのではないでしょうか。

② リスク全体を把握することの困難

このように、担当者自身であっても担当した契約のすべてを正確に把握しているとは限らないなかで、企業が、自社の締結している契約を総体として管理することは不可能であったのではないかと思います。

従来においては、会社が契約上負担している法務リスクの全体像を管理している方は存在しない場合が多かったのではないかと思います。たとえば、法的リスクの典型例として「取引先から契約違反に基づく損害賠償請求を受けるリスク」を考えたとき、契約上の手当としては図表2－2－2のようにいろいろな方法が考えられます。

しかし、自社が締結ずみの契約書において「どのような制限をどのような割合でかけているか」、すなわち、自社がさらされている損害賠償リスクの全体像を統計的に把握し、それを定点観測することは、現実的には不可能であったのではないかと思います。そのため「法務のクオリティ」を計測して経営的な意思決定にフィードバックするということは行われていないように思います。

図表2－2－2　損害賠償のいろいろな制限方法

制限の方法	文言の例	自社の締結している契約書に占める割合
制限をしない	なし	XX %
金額で上限をかける	「直近1年間の取引金額を上限とする」	XX %
主観で制限する	「故意又は重過失がある場合を除き、」	XX %
損害の範囲で制限する	「直接かつ通常の損害に限り、」	XX %

③　法務プラクティスの停滞

また、前述のとおり、企業が「各担当者の契約交渉の経験をナレッジとして一元的に集約し、各担当者にフィードバックすることで、組織としてのプラクティスを継続的に進化させる」ことも、同様にむずかしかったのではないかと思います。たとえば、新入社員やローテーションにより、法務担当部に新たに配属されたメンバーに、自社のベスト・プラクティスを効率的に承継する方法は存在しませんでした。新メンバーの方は案件ごとに毎回部内の詳しい方に類似案件のサンプルの提供を依頼し、今度はその方がまたご自身の記憶を頼りにサーバーをさまようことに時間を費やしていたのではないかと思います。また、経験を積んだ担当者の間でも、実はコメントの判断基準やクオリティは大きく異なっており、意図せぬリスクを含んだ条項を承諾してしまっている事例も相当数存在するのではないかと思います。

(2)　契約データを扱うことはなぜむずかしかったのか

それでは、契約業務のナレッジを効率的に共有したり、一元的に集約することがむずかしい理由はどこにあるのでしょうか。ここには、契約書データに特有の以下のような事情が存在すると考えられます。

①　同一のコンセプトを表現する方法が無数に存在すること

契約をデータとして統一的に扱うことがむずかしい理由の1つは、同一のコンセプトがまったく異なる文言で表現されている場合があることです。たとえば、以下の条項はいずれも「相手方に独占的なライセンスを付与する」という基本的に同一のコンセプトを表現していますが、文言だけをみているとなかなか同じようにはみえないのではないかと思います。

（表現パターン1）
・甲は、乙に対して、本件特許権の独占的通常実施権を付与する
（表現パターン2）
・本ライセンサーは、本ライセンシー以外の第三者に、別紙1に定める技術を利用させてはならない

このように、同一のコンセプトを表現しているものであっても、表現のばらつきが無数に存在するため、たくさんの契約のうち「同一のコンセプトのもの」について機械的に検索したり、統計をとったりすることは困難でした。

② 契約の基本的な情報が一目でわかる方法がないこと

上記①とも関連しますが、これまでは、契約データを並べたときに「一目でわかる情報」はファイル名だけだったのではないかと思います。すなわち、それがどの取引先との契約なのか、いつ締結されたのか、どのような類型の契約（秘密保持契約なのか、不動産賃貸借契約なのか等）であるのか、何か留意すべき条項が含まれているのかといった基本的な情報でさえも、ファイルを開いて文章を読まなければわからなかったのではないかと思います。

上記の事実は、契約書データを効率的に検索することが不可能であったことをも意味しています。たとえば「この取引先と

の契約を時系列順に並べる」「自社が締結しているライセンス契約のうち特定の条項を含むものを横に並べて点検する」といった当然に存在するニーズを満たす方法は存在しませんでした。これにより、過去に締結した契約を資産として活用できないことが、上述したナレッジの属人化を発生させてしまっている原因の１つであったのではないかと思います。

(3) 自然言語処理技術の登場後の契約業務

しかし、自然言語処理技術の急速な発展により、このような状況は大きく変化しようとしています。自然言語処理技術を適用することにより、上記のような障害を取り除き、契約を「見える化」することができます。

まず、上記①の「契約書には同一のコンセプトを表現する方法が無数に存在すること」への対策として、自然言語処理技術を活用して学習を重ねることによって、さまざまな規定ぶりが考えられる条項であっても、表現のばらつきを吸収して同一のコンセプトとしてとらえることができるようになります。

これにより、過去の契約についてたとえば以下のようなリサーチをする場合に、一つひとつファイルを開いて中身を精読する必要がなくなり、システム上の簡単な操作で瞬時にナレッジにアクセスすることができるようになります。

・締結ずみの契約のうち、特定の条項が規定されているものをすべて確認したい[36]
・ある条項について、自社が合意した実績のある具体的な文言のサンプルをいくつか参考にしたい
・自社が、特定の状況下で、特定の条項を受諾している割合が

図表２－２－３　自然言語処理技術登場前後の契約内容

	自然言語処理技術の登場前	自然言語処理技術の登場後
ファイル名	20200531_覚書	20200531_覚書
契約類型	不明	ライセンス契約
取引先	不明	AAA株式契約
契約締結日	不明	2020年７月１日
契約期間	不明	2021年６月末日
ライセンス料	不明	月額100万円
特に注意すべき条項	不明	競業避止義務：あり ★自社のライセンス契約で競業避止義務が定められている割合：15%
		独占権：なし ★自社のライセンス契約で独占権が定められている割合：７%

どれくらいなのか調査したい

また、上記⑵②の「契約の基本的な情報が一目でわかる方法がない」という問題についても、自然言語処理技術を利用して

36　このような調査が瞬時にできるようになることは、なんらかのイベントやインシデントが発生した場合などに、過去の契約のすべてを網羅的に確認しなければならない状況で大きな効果を発揮します。たとえば、法令の改正などにより特定の条項について全面的な見直しを行わなければいけない場合や、M&Aを実施する場合に、それにより解除権が発生する条項（いわゆるチェンジ・オブ・コントロール条項）を確認しなければならないケースがこれに該当します。

大量の契約書を学習させることによって、必要な情報を抽出することができるようになります。たとえば、契約の内容を解析することによって、図表２－２－３のような項目を自動でラベリングし、自由自在に引き出したり、または統計化したりすることによって全体的な状況を知ることができます。

3 契約のDXのメリット１：契約交渉の効率化

(1) 概　　要

近年注目を浴びている「デジタル・トランスフォーメーション（DX）」に関する議論では、データを活用した業務効率化や、従前は経験や「カン」に基づいて主観的に行われてきた意思決定をテクノロジーで収集したデータに基づくものに変えていく取組みの重要性が強調されています。法務はこれまで最も「データの価値」を活かすことがむずかしい分野でしたが、自然言語処理技術の活用によって契約書から得られる情報が飛躍的に増大した現在では、まさに「契約業務のデジタル・トランスフォーメーション」を実現する基盤が整ったといえます。

それでは、自然言語処理技術を利用した契約管理を行うことによって、具体的にはどのようなメリットがあるのでしょうか。おもに、①契約交渉の業務効率化と交渉スピードの高速化、および②企業のリスク回避能力の向上という２つがあげられると思いますが、本項ではまず前者のメリットに焦点を当てたいと思います。

(2) 契約交渉に時間がかかる理由

企業間で商談が成立し、主要なビジネスタームが合意できている場合であっても、実際に取引を開始するためには契約書を締結する必要があります。契約書を作成するためには法務の専門家によるアドバイスが必要であるため、事業部から法務部へと契約書が受け渡され、法務部が契約書のチェックを行います。法務部によるチェックには時間がかかるため、事業部からすると「早く取引を開始したいのに、なかなか法務部からレスポンスが返ってこない」と感じるケースも存在するのではないでしょうか。

それでは、法務担当者が「契約書をチェックする」というとき、具体的にはどのような作業に時間をかけているのでしょうか。企業や案件の性質によって異なるものの、典型的には図表２－２－４のような状況が考えられます。

法務担当者が契約書をチェックするとき、それが定型的な自

図表2－2－4　業務時間に占める各作業の割合

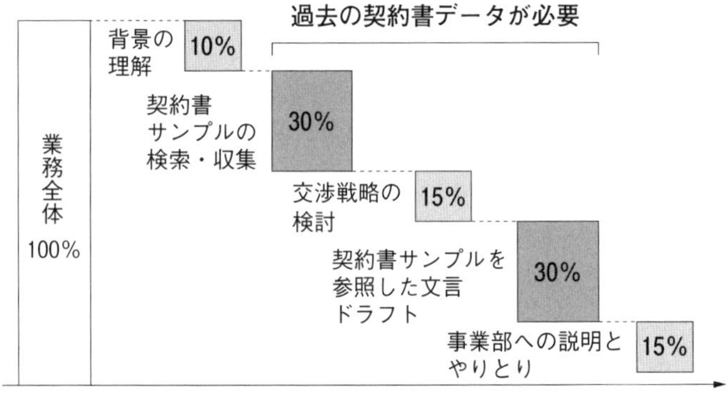

社ひな型そのままのものでなければ、まずは「この案件に類似した過去の契約書サンプルをいくつか集めよう」とすると思われます。その理由は以下のとおりであり、一言でいえば、契約書のドラフティングやレビューはあらゆるプロセスにおいて過去の契約書を下敷きにしているためです。

①**チェックすべきポイントの所在を確認する**：たとえ熟練の弁護士であっても、契約類型ごとのチェックポイントをもれなくすべて記憶できているわけではなく、過去の契約書をベースに「勘所」を確認する必要があります。

②**交渉戦略を検討するために過去のプラクティスを確認する**：契約交渉の戦略を適切に策定するためには、それぞれのチェックポイントについて、自社がこれまでどのようなスタンスをとってきたのかを把握する必要があります。目の前の案件だけ、過去のプラクティスと乖離した規定を定めてしまうと、企業として予想外のリスクを抱え込むことにもなりかねないためです。

③**具体的な文言のドラフティングやレビューの下敷きにする**：具体的な文言をドラフティングする際にも、過去事例を参照しないと十分なクオリティーの条項を作成することはできません。

一方で、担当者が「この案件に類似した過去の契約書サンプル」を集めることは、これまでにも述べたとおり、非常に骨が折れ、時間のかかる作業です。契約書を組織として集約管理していない場合、担当者が頼りにできるのは自身の記憶のみであることがほとんどです。その担当者が類似する案件を複数担当した記憶が残っていればよいものの、ローテーションや新人として配属された方であれば、部署全体を巻き込んで聞いて回る必要があります。

また、仮に適切な案件を担当したことを記憶していたとしても、関係する契約書がどこに保存されているのかを特定する必要があります。担当者は、案件サーバーや過去のメールをあれこれめぐり、何とか目当ての契約書を見つけようとしますが、このような方法が成功する可能性は高くありません。契約書を検索する手がかりは案件ナンバーやファイル名くらいであり、スキャンされた画像のPDFファイルで保存していると本文検索も不可能であるケースが多いと思います。しらみつぶしに探すことで、何とかそれらしき契約書を見つけたとしても、精査すると今回の案件にはなじまないことがわかることも多いと思います。

担当者は、このような非効率な作業のために１日のうち長い時間を費やしています。最後まで適切な契約書を見つけることができなかった場合には、クオリティの低いコメントがなされることになり、担当部内の上司がさらに時間をかけてレビューをしなければならないことになります。このように、「過去の契約書」は、実は「将来の契約交渉」のために必須の素材であるにもかかわらず、契約管理がおざなりになっているために、毎回の契約交渉を遅延させている可能性があります。

(3) 契約交渉をスピードアップさせる方法

自然言語処理技術を利用すると、前述のとおり契約が「見える化」され、担当者が探したい「この案件に類似した過去の契約書サンプル」を、瞬時に、しかも網羅的に見つけることができるようになります。

自然言語処理技術を利用した契約データベースでは、契約書をアップロードすると自動で情報を解析し、それらの情報を手がかりにさまざまな視点で複合的に絞り込み検索をすることで、自由自在に引き出す機能を提供しています。たとえば、以下のような検索を瞬時に行うことが可能となります。

【検索例１】

自社ひな型で締結したシステム開発の業務委託契約書のうち、知的財産権の帰属に関する条項が修正されてしまっているもののサンプルをいくつかみたい。

【検索例２】

取引先であるA社との間で締結された過去３年間の取引基本契約書を時系列順に並べて、各契約に違いが存在するのかを確認したい。

これにより、契約書の過去サンプルを収集する作業そのものが効率化することは明らかですが、さらに加えて、過去の契約実績に基づいた交渉戦略の策定をスムーズに行うことができるようになるとともに、具体的な文言のドラフティングやレビューについても過去の文言を下敷きにして行うことができるようになるため、契約業務全体を大幅に効率化することが可能となります。

4 契約のDXのメリット2：リスク回避能力の向上

次に、企業のリスク回避能力の向上というメリットについて説明します。契約のデジタル・トランスフォーメーションを実現し、会社が過去に締結した契約データを「見える化」することによって、これまで担当者に属人化していた契約に関する経験や知恵を、会社が一元的に集約管理することが可能となります。これにより、組織として契約プラクティスを継続的に進化させ、リスク回避能力を向上させることができます。

(1) ナレッジの集約と還元のサイクル

自然言語処理技術を利用した契約管理によって、契約に関する経験は、担当者の記憶にではなく、会社の権限を有する方であればだれでもアクセスできるデータベースにみえるかたちで蓄積されることになります。これにより、新たに契約を検討する場合には、担当者がだれであっても、常にその会社の適切な過去事例を参照することができ、法務リスクを回避するための検討精度を大幅に向上することが可能となります[37]。これは、今後の契約をすべて「締結されたら終わりのもの」ではなく、継続的にプラクティスを進化させる「会社の資産」へと変換するものです。

また、契約に関するナレッジが組織全体に共有されることにより、①新たに配属された担当者が常に会社のベスト・プラクティスに触れることができる体制を整え、その立ち上がりを早めるとともに、②担当者間での不合理な判断基準のブレ等を抑える効果も期待することができます。

さらに、このようなナレッジが、担当者と担当者との間の直接の会話によって伝承されていくのではなく、自宅からでもアクセスできる環境にデータというかたちで蓄積されていることは、リモートワークの時代において法務の業務をチームとして行うための必須の要件であるように思います。法務業務がこれまでデータ化されていなくても成立していたのは、チーム内で常に顔をあわせられる環境において、密なコミュニケーションによってナレッジが共有されていたためです。新型コロナウイルスへの対応としてリモートワーク化が進むなかでこれらの前提が失われた昨今の状況において、クオリティーを維持しながら業務を進めるためには、ナレッジの集約は不可欠になっているといえます。

(2)　現状把握・意思決定のための基盤の形成

さらに、自社が締結している契約データを解析することにより、自社がさらされている法務リスクの現状を「見える化」し、経営として対策を講ずることができる環境を構築すること

37　この時、会社が締結した過去の契約書が、その案件特有の文脈と切り離されて参照されることを避ける必要があります。なぜなら、締結された「最終版」の契約書は自社にとって「最良のもの」ではなく、交渉する過程での妥協の産物であることがむしろ通常であるためです。したがって、経緯を知らない別の担当者が最終版のうち特定の条項だけを参照すると、自社にとって必ずしも最適ではない方法で利用される可能性があります。かかるリスクを回避するため、契約管理システムは、契約とその交渉経緯を同時に保存でき、またはそれぞれの条項の有利・不利等を検証することができる仕組みを備えていることが望ましいと考えられます。

につながります。

たとえば、自社が締結している契約を自然言語処理技術を利用したデータベースに保存することで、過去の一定の期間で、どのような契約がどの程度の分量締結され、それぞれの契約においてリスクがどのように管理されているか（たとえば、損害賠償の制限条項の規定ぶりがどのように分布しているか）、また、事業を制約するリスクのある条項（たとえば競業避止義務や独占権の設定）が新たに合意されていないかなど、自社の契約交渉のパフォーマンスを可視化して、定期的にモニタリングすることが可能になります。これにより、たとえば、無意識的に損害賠償の上限設定が会社全体として緩くなっていたり、または競業避止義務等を安易に受諾する傾向が出てきたりした場合に察知し、その理由を分析するとともに、法務戦略の方針を見直すことができるようになります。

なお、契約データベースを導入し、自社のプラクティス全体が「見える化」された場合であっても、業界ごとの「通常」のプラクティスがいかなるものであるか必ずしも明確でないために、可視化された自社プラクティスをどのように評価してよいのかわからない場合もありうるかと思います。たとえば、自社の損害賠償責任の規定の分布が見える化された場合に、それらが同業他社と比較してどの程度有利または不利であり、今後どのように目標を設定すればよいのかは、より多くの会社の実情を熟知している弁護士にアドバイスを依頼することが有益であると考えられます。

これに関連して、MNTSQがNO&Tと共同して行っている契約解析プロジェクトでは、NO&Tの各弁護士が担当している契約の経験をナレッジとして集約し、自然言語処理技術を利用して解析することによって、「現在は一般的なプラクティスはどのようなものであるのか」を各弁護士が知ることができる環境を構築しています。たとえば、M&A契約において争点となりやすい表明保証の内容や損害賠償額の上限設定について、案件の規模や性質に応じた状況を統計的に把握し、法務アドバイスの精度をデータに基づいて高める取組みをしています。このように、これまで担当者が経験や「カン」に基づいて主観的に行っていた契約交渉を、「法務統計」によってデータに基づくものに変革することは、LegalTechの社会的役割の１つであると考えています[38]。

5　契約管理のむずかしさ

これまで述べたように、自社が締結した契約を管理することは、契約交渉のデジタル・トランスフォーメーションの要となるものだと考えられます。しかし、実際に契約を管理しようとして、多くの困難に直面された担当者の方も少なくないのではないかと思います。

そもそも、自然言語処理技術による解析が行われない前提ですと、「契約管理」と聞くと、基本的には面倒事であり、取引先や契約締結日を淡々と転記していく味気のない事務作業のよ

38　なお、NO&T内での権限管理ポリシーに従って、契約内容の閲覧は適切に制限しており、統計情報としての利用にとどめている点は付言させていただきます。

うに感じられる方も多かったのではないかと思います。実際に、取引の主要条件については基幹システム等に記録されているとすると、さらに別のシステムを導入して契約管理をすることは、「管理のための管理」となってしまわないかと懸念することにも理由があると思います。

実際に、大企業であっても、「すべての契約書を集約管理している部署」が存在する例はごくまれにしかみかけません。契約のチェックをする法務部には一定の契約書が回ってくるものの、法務部が契約書全件のチェックをしている会社が多数派であるようには思えませんし、チェックした契約書の最終版が法務部に回ってくるわけでは必ずしもないように思います。そのような状況において、契約書を管理するためだけに法務部以外を巻き込んで業務オペレーションを再構築することは、現場の協力が得られないと感じられる方も多いのではないかと思います。

これらの点の解決策として、契約審査システムと組み合わせることにより、網羅的な契約管理を実現している会社も存在します。すなわち、事業部から法務部に契約書審査を依頼し、法務部がコメントバックして交渉を行い、最終版に至るまでのフローをシステム化することで、管理部が最終版を確実に入手できるようにしている企業も存在します（契約審査システムには、依頼部署や担当者ごとの作業量などの業務状況を「見える化」する機能も期待することができます）。この場合、契約データベースと契約審査システムとのシステム連携により、審査フローを経た契約書が網羅的かつ自動的にデータベース化されることを確保しているケースも存在します[39]。このように網羅性を確保できる場合には、契約の期間切れや、定期的な義務の履行状況の管理などもある程度自動化することで、業務オペレーションにまで踏み込んだ管理が可能となる場合もあります。

また、MNTSQでは、網羅的な契約管理が不可能である場合でも、たとえば、法務部のみの協力でデータベース化を開始することも可能なものとしてプロダクトを設計しています。契約のナレッジを集約し、契約交渉を高速化させてリスク回避能力を向上させるためには、契約書が「網羅的に」管理されている必要は必ずしもなく、まずは契約をチェックする部門が手に届く範囲でデータベース化を始めることでも十分に効果を期待することができます。

6 電子締結

自然言語処理技術を活用した契約のデータベース化を促進するファクターとして、契約の電子締結があげられます。第5節では、自然言語処理技術を活用した契約管理の具体例を説明しましたが、契約書を自然言語処理技術に基づき解析するためには、契約が電子化されている必要があります。もちろん、紙媒体で契約を締結したうえで、その契約をスキャンすることで画像PDFファイルに変換し、契約管理用のシステムに取り込むことは可能です（画像PDFファイルでは契約書の中身を扱うことができないという問題は別途生じますが、こちらの詳細は第3部第

39　実際にシステム連携が可能であるかは契約審査システムの仕様によるため、実現可能性については個別に検討する必要があります。

２章でご紹介します）。しかし、そもそも契約を電磁的な方法により締結することで、契約書をスキャンする手間を省略し、より効率的かつ効果的な契約管理を行うことが可能になります（ここでは、電磁的方法により締結された契約を「電子契約」と呼ぶことにします）。

(1) 電子契約と契約管理システムとの連携の重要性

① 複数の電子契約サービス、１つの契約管理システム

新型コロナウイルスへの対応として電子契約の導入が進んでいくなかでは、電子契約による契約の締結と、その後の契約管理をシームレスにつなげていくことが重要となります。特に、いずれの電子契約サービスを利用するのかには取引先の意向等も関係するため、企業が利用する電子契約サービスを完全に一本化することは今後もむずかしく、さまざまな電子契約サービス提供者を取引先によって使い分けていくことが必要となることが予想されます。

そのような状況においては、電子契約によって締結された契約データが、最終的には１つの場所に自動的に集約される体制を構築することが、電子契約の導入による効率化とガバナンス強化を達成する観点から重要となります。具体的には、電子契約を導入する際には、今後利用する可能性のある複数の電子契約システムとのAPI連携等によって、最終的な契約管理を一元化することができる契約管理システムが望まれることとなります。

②　電子帳簿保存法への対応

電子契約を導入する際には、「電子計算機を使用して作成する国税関係帳簿書類の保存方法等の特例に関する法律」（電子帳簿保存法）に対応したオペレーションを構築することが重要となります。企業の取引に関して締結された契約書は、基本的に法人税法上の保存義務の対象となるため（法人税法施行規則59条1項3号等）、電子帳簿保存法上の「国税関係書類」（電子帳簿保存法2条2号）に該当するものとして、電子帳簿保存法上の要件を満たす方法で保管する必要があります。仮に、電子契約によって締結された契約データが電子帳簿保存法上の要件を満たさない場合には、その契約データをプリントアウトして紙媒体で保存する必要があることになり、電子契約の導入効果を大幅に損なってしまう結果となります。

電子帳簿保存法上の要件のうち、契約データとの関係で特に重要となるのは検索性の要件です（電子帳簿保存法施行規則3条5項7号、3条1項5号）。すなわち、契約データは、「取引年月日」[40]「取引金額」、および取引先等の条件を基礎として検索することができる状態で保存されている必要があります。国税局によれば、「取引金額」としては、契約データ中に取引金額が明示されていればかかる金額を一定のルールのもとで記録する必要があり[41]、金額が不明である場合には「契約の内容」[42]を記録しなければならないとのことです。

契約管理システムによっては、このような項目を入力するこ

40　国税庁の事前相談窓口への照会結果によれば、「取引年月日」の要件との関係で、契約データは契約締結日等の日付によって検索することが可能な状態になっている必要があるとのことです。

とができることから電子帳簿保存法に準拠している旨をうたっているものも存在します。もっとも、仮にシステムとしてはそのような内容を入力することができる機能を有しているとしても、契約が締結されるたびに上記のような情報が確実に、かつ統一的な方法で入力されるオペレーションを実際に構築することは、法務部等の特定の部署のみで対応することが不可能である場合も多く、難易度が低いとはいえないように思います。少なくとも、契約管理システムを一元化することにより、一つのシステムにおいて情報がメンテナンスされていれば足りるようにするとともに、自然言語処理技術を利用するなどして、可能な限り必要な項目が自動的に記録することができる体制を構築することが望ましいと考えられます。

③　ガバナンスの強化

大企業において、法務部等の特定の部署が最終版の契約書を一元的に集約管理することがガバナンスやコンプライアンスの強化に資することは、ほぼ異論のないところではないかと思います。もっとも、実際に最終版の契約書を集約管理するために

41　たとえば、月額賃料が記載された賃貸借契約書であれば、「取引金額」として月額賃料のみを記録するか、賃借期間中の賃料総額を記録することが考えられますが、いずれの方法で記録するかは社内で統一する必要があるとのことです。また、単価のみが記載された取引基本契約書、従量課金の契約書など、契約締結日時点において取引金額を記載することが困難である契約書については、金額が不明であるとして「契約の内容」を記録する必要があるとのことです。

42　国税庁の事前相談窓口への照会結果によれば、「契約の内容」としては、「秘密保持契約」「業務委託契約」等の契約の種類を示すような記載のみで足りるとのことです。

は、取引先との対面に立つさまざまな部署の協力が必要となるため実現が容易ではなく、最終版の契約データは社内のさまざまなフォルダに散在していたのが実情だったのではないかと思います。

もっとも、電子契約の導入は、この状況に大きな変化をもたらす可能性があると考えられます。電子契約が契約管理システムと連携している場合、電子契約によって締結された契約書の最終版データは自動的に契約管理システムにも流入するため、電子契約が普及すればするほど、契約書の最終版を網羅的・集約的に管理することが容易となります。このように、電子契約の導入によりガバナンスが向上する効果をより十全に享受するためには、締結後の契約データの一元的な管理を見据えることが重要となります。

(2) 電子契約に関する規律の概要と課題

「契約は書面で締結しなければいけない」と思われている方もいるかもしれませんが、日本法上は、口頭（いわゆる口約束）でも成立する契約が大半であり、書面により締結されなければならない（電磁的方法による締結が認められない）契約は多くありません（図表２－２－５参照）。

このような法律上の自由度にかかわらず、日本においてはハンコ文化が浸透していることもあり、書面に記名押印する形式で契約を締結することが依然として多く、当事者の数だけ原本を作成し、契印・割印を付すことも少なくありません。他方、海外では、各当事者がサインした調印ページをPDFファイル形式で交換し、当該調印ページのデータを組み込んだ契約全体

図表２－２－５　日本法上書面により締結・交付する必要がある契約の一例

・定期借地権契約、定期建物賃貸借契約（借地借家法）
・宅地建物売買等媒介契約（宅建業法）
・マンション管理事務委託契約（マンション管理の適正化の推進に関する法律）
・農地の賃貸借契約（農地法）
・労働者派遣（個別）契約（労働者派遣法）
・建設工事請負契約（建設業法）(*)
・下請取引の発注内容を記載した書面（下請代金支払遅延等防止法）(*)
・指定商品等の販売契約／役務提供契約の内容を明らかにする書面（割賦販売法）(*)
(*) 契約の相手方の承諾があれば電磁的方法による締結・提供が可能なもの

のPDFファイルを全当事者に回覧することで契約の締結手続をすましてしまい、事後に契約書原本の製本が行われないことも珍しくありません。紙媒体により契約を締結するという実務が変わらなければ、AIを利用した契約のドラフトやレビューのフェーズと、契約締結後の管理のフェーズとをシームレスに機能させることができず、LegalTechを活用した法務機能のDX促進の妨げとなるおそれがあります。

また、電子契約と書面契約とを比較した場合、一般的には図表２－２－６のような差異があり、契約締結のスピード、コスト、業務の効率性の観点から、電子契約は書面契約に比べて優位な点が多いといえます。

2020年の新型コロナウイルス感染症の拡大による影響を受けて、多くの企業においてテレワークが実施されました。もっと

図表2－2－6　電子契約と書面契約の違い

	電子契約	書面契約
調印方法	電子署名 （タイムスタンプ）	署名、記名押印
調印作業 （典型例）	インターネット（クラウドサーバ、電子メール送信）を利用した調印	・契約書の印刷 ・各当事者による調印 ・調印頁の持参・郵送 ・原本の製本 ・原本の持参・郵送（必要に応じて契印・割印）
保管	サーバ内での保管	キャビネット、倉庫における物理的な保管
契約管理システムとの連携	システム連携により、締結した契約をシームレスにデータベース化できる可能性あり	別途スキャンしてPDFファイルを作成
印紙	不要	必要

も、そのような企業であっても、社外に印鑑を持ち出すことまでは認めず、緊急事態宣言が出された後も押印や郵送作業のために従業員を出社させる対応をとらざるをえなかった企業も少なくなかったのではないでしょうか。電子契約は、図表2－2－6のとおり、物理的に署名・押印を行ったり、原本を郵送したりする必要がないため、テレワークの環境下でもスムーズに契約締結作業を行うことができます。テレワークの導入・拡大にあたって電子契約関連サービスの利用を開始した企業も増えており、今後テレワークの環境整備を検討する企業が増えるこ

とが予想されるなかで、このような利便性を有する電子契約への注目度も高まるものと思われます。

現在、DocuSign、Adobe Sign、クラウドサインなど、国内外の事業者が電子契約を締結するためのサービスを提供しており、そのようなサービスを導入・利用する企業も増えてきています。一般財団法人日本情報経済社会推進協会（JIPDEC）が行った「企業IT利活用動向調査2019」によれば、従業員数50名以上の国内企業の電子契約の利用状況については、すでに採用している企業が約44％、今後電子契約の採用を検討している企業を含めると約７割に達しています。契約のドラフティング、交渉・レビュー、管理の分野におけるLegalTechが進歩・発展するにつれて、電子契約を採用する企業や電子契約により締結される契約の数もますます増えていくものと思われます。

他方、「契約を電磁的方法により締結する」場合、契約の相手方がきちんと調印したことをどのように確認するのか、改ざんのおそれはないのか、契約に関して裁判になった場合に電子契約が証拠として認められるのか、といった疑問をもたれる方もいるかもしれません。まず、日本の民事訴訟において書面を証拠として提出する場合、真正な成立、すなわち、その書面が作成者とされる本人の意思に基づいて作成されたものであることを証明しなければなりません（民事訴訟法228条１項）。これは電子化された文書の場合であっても同様です（民事訴訟法231条）。紙媒体で締結される契約の場合、本人（または代理人）の署名・押印があれば、真正な成立が推定されます（民事訴訟法228条４項）が、電子契約の場合、調印者本人が物理的に電子データに署名・押印を行うことはできません。

そのため、2001年に施行された「電子署名及び認証業務に関する法律」（電子署名法）において、本人による一定の要件を満たした電子署名が付された電子文書については、真正な成立が推定されることになっています（電子署名法3条）。この推定の効果を受けるための技術の1つに、公開鍵暗号方式による電子署名とタイムスタンプがあります。公開鍵暗号方式による電子署名は、公開鍵基盤（PKI）（「公開鍵」と「秘密鍵」の一対の鍵（記号）から構成され、ある電子文書を秘密鍵で暗号化した場合、当該秘密鍵と対になる公開鍵によってのみ当該電子文書を復号することができる公開鍵暗号の技術と、認証業者（認証局）による電子証明書の発行の仕組みを組み合わせた制度です）を用いて本人による電子署名であることを担保するものです。また、タイムスタンプは、タイムスタンプに刻印された時刻以前にその文書が存在し、かつ、その時刻以降その文書が改ざんされていないことを証明する技術です。紙媒体での契約締結で例えると、電子署名は印鑑、電子証明書は印鑑証明書、タイムスタンプは確定日付の役割を果たすものと考えるとイメージがつきやすいかもしれません（図表2－2－7参照）。

もっとも、電子署名法は施行後現在に至るまで改正がなされておらず、たとえばその間に登場したクラウドサービスを前提とした電子署名については推定規定の対象外となる（よって現在提供されているサービスの多くはこの規定を活用できないものである）などの問題があります。また、認証局から電子証明書の発行を受けるためには一定の本人確認を受ける必要があること、電子証明書の発行を受けることができるのはあくまで署名者である個人であり、法人としての電子証明書の発行を受ける

図表２－２－７　公開鍵暗号方式による電子署名・認証業務のイメージ

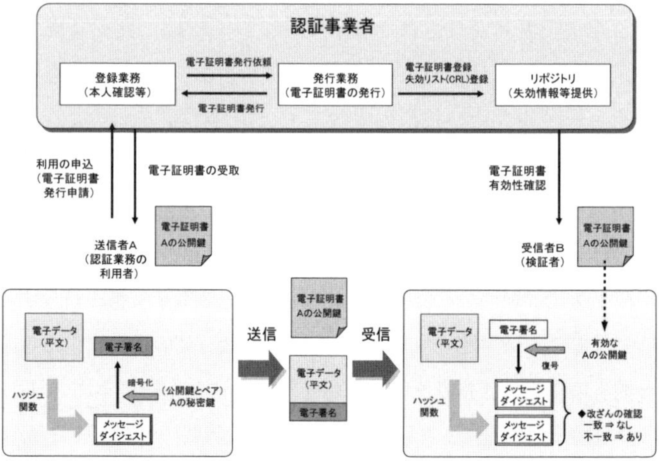

（出典）　総務省ウェブサイト（https://www.soumu.go.jp/main_sosiki/joho_tsusin/top/ninshou-law/pdf/law_4.pdf）

ことができないことなどから、電子証明書を用いた仕組みには利便性に欠ける面があります。そのため、電子契約サービス事業者は、電子署名やタイムスタンプ、その他の証明書発行などを組み合わせて、契約締結の事実と改ざんされていないことを確認できるようにしています。具体的な使い方としては、クラウド上にアップロードされた電子文書に対して、各署名者が単に自らの署名や電子印影を追加する形式のものや、画面上の契約の署名欄に手書きでサインする形式（いわゆる電子サイン）のサービスなどが多く利用されています。

昨今のサイバー攻撃の高度化・多様化の状況をふまえると、なりすましのリスクや電子データの改ざん・滅失のリスクをゼロにすることはむずかしいかもしれません。しかし、書面であっても偽造、毀損、紛失等のリスクは存在することからすると、電子契約を用いること自体に高いリスクが内在しているととらえる必要はないように思います。仮に上記の理由により推定規定を活用できなかったとしても、タイムスタンプ等の技術を用いてデータが改ざんされていないことが証明可能な電子署名が付されているのであれば、原則どおり文書の真正な成立を証明することが容易な場合も多いからです。もっとも、やはり推定が及ばない点で印鑑や署名に劣るのではという不安が電子署名の普及の妨げになっているという議論もあることから、今後電子署名がさらに広く普及するためには、電子署名法の推定規定が適用される対象の明確化に加え、クラウドサービスを前提とした電子署名等についても推定が及ぶようにする法改正が望まれるところです。2020年に発生した新型コロナウイルス感染症の拡大に端を発したリモートワークの普及に伴い、電子署名の有用性はクローズアップされており、規制改革推進会議等においても電子署名法の改正が活発に議論されているところです。

また、契約を電子締結するためには、自社内の対応だけでなく、取引先等の契約の相手方の理解・対応も必要になります。新型コロナウイルス感染症がもたらした社会の変化は、これまで当然のように行われてきた慣習の見直しを迫っています。ハンコ文化もその例外ではなく、企業は、契約管理の面だけでなく、労務管理の面からも、電子契約の導入・活用を真摯に検討することが期待されているといえます。政府も、内閣府、法務省および経済産業省が2020年６月19日付で「押印についての

Q&A」を公表し、押印を廃止した場合の懸念点に応えており、ハンコ文化の見直しに向けた雰囲気の醸成を後押ししています。電子契約に関する技術の進歩とともに、電子締結の利便性がさらに社会に理解されるようになれば、電子契約の利用もますます広まっていくものと思われ、その結果、企業の法務機能のDXも促進されていくことでしょう。

第3章

Topic②
——契約に関するLegalTech(ii)：自動ドラフティング・自動レビュー

1　概　要

本章では、契約に関するLegalTechのうち、契約書のドラフティングやレビューを自動化することを試みるプロダクトについて解説します。

これらのプロダクトは、人間が案件ごとに反復して行っている定型的な契約書のドラフティングおよびレビューをシステムによって効率化するとともに、そのクオリティを向上させることを目指すものであり、人間に依存していたプラクティスを大きく変革する可能性を秘めています。もっとも、これらのプロダクトを利用する際には、本章でこれから述べるとおり、現在のテクノロジーによって「できること」と「できないこと」の境界を正確にご理解いただき、自社の特性に応じたご検討をしていただくことが必要です。以下、頻繁にいただく質問に回答するかたちで解説します。

図表2－3－1　契約業務のフロー

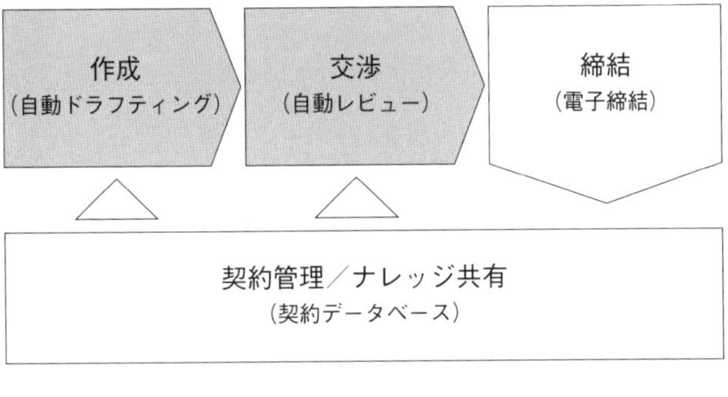

2　自動ドラフティング

【質問①】

「契約書のドラフティングを自動化する」プロダクトとは、具体的に何をするものなのでしょうか。これまでに存在しなかったようなまったく新しい契約書を、ゼロからつくりだすことができるのでしょうか。

自動ドラフティングとは、ユーザーが対話式の質問等に回答することによって、Wordファイルを直接編集することなく、その案件のためにカスタマイズされた契約書のファーストドラフトを自動で作成することができる機能をいいます。たとえば、新たな取引先との間で取引基本契約を締結する場合であれば、図表2－3－2のような質問に答えていくだけで、取引基本契約本体や、関連する秘密保持契約書や覚書等の、案件のために必要である書類一式を出力することができます。

特に、定型的な契約を反復して締結することが多い企業においては、自動ドラフティングを導入することで、以下のような非効率性を取り除くことが可能になります。

☑　似たような案件で毎回反復して契約をドラフトしている

☑　自社のひな型が存在しないために相手方のドラフトを毎回レビューしている

☑　自社のひな型が存在するものの、案件ごとのカスタマイズがうまくなされていない

☑　自社のドラフトにミスがないか確認するために時間を要し

図表２－３－２　自動ドラフティングの質問フロー例

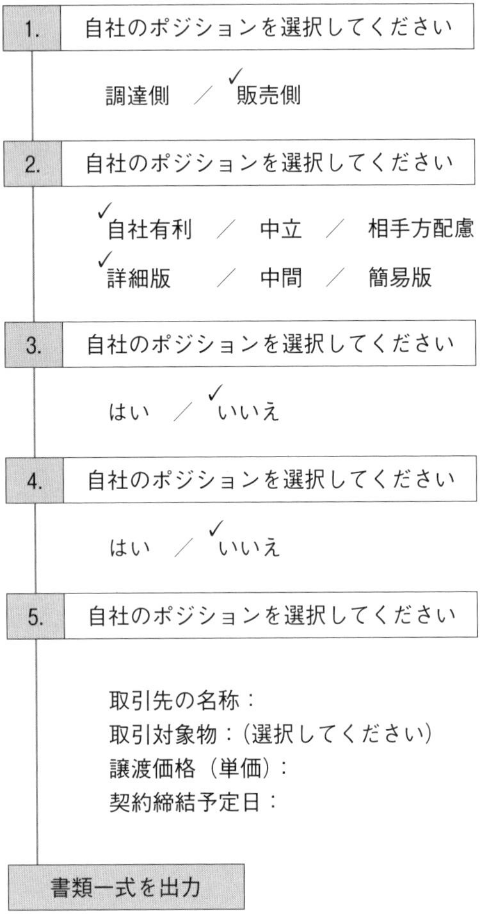

ている

ただし、現時点における自然言語処理技術では、何もないところから魔法のように契約書をつくりだすことができるわけではなく、自動ドラフティングを行うためにはベースとなるひな型が必要となります。すなわち、本章でいう「自動ドラフティング」とは、契約書をドラフトする担当者のうち、最も経験を積まれた方の頭のなかにある「こういう案件の場合には、このひな型Ａとこのひな型Ｂを使う必要がある」「こういう案件であれば、このひな型Ａに条項Ｃを追加して、条項Ｄは削除しておく必要がある」といった思考回路をシステムの仕様に落とし込むことにより、各担当者が質問に答えていくだけでその案件のために必要かつベストな契約書のセットを出力することができるものです。そのため、どのような案件ではどのような契約書がベストであるのかは、各社が検討をする必要があります（検討をうまく進めるコツについては、質問④をご参照ください）。

自動ドラフティングを用いることで、以下のようなメリットを享受することができます。

1　ファーストドラフトに要する時間を短縮することができます。

2　だれがドラフトしたとしても矛盾のない同一内容の契約書が出力されるため、内部での確認のためのプロセスも削減することができます。

3　交渉が開始された後も論点の内容を画一化することができ、スムーズに合意に至る可能性を高めることができます。

4　「自社にとってのベスト・プラクティス」が反映された

契約書が常に利用されることになり、不測のリスクを回避することができます。

【質問②】
当社ではひな型化が進んでおり、案件ごとに利用すべきひな型が定まっているのですが、ひな型が多数存在するため適切なひな型を選択することが若手にとってむずかしく、また、ひな型のなかにもいろいろと選択したり情報を埋めたりしなければいけない箇所が存在するため、時間がかかるうえにミスが頻発しています。この作業を効率化する方法はありませんでしょうか。

多くの会社では、定型的な契約を反復してドラフトする工数を削減するために、あらかじめ自社のひな型を作成していると思います。もっとも、案件ごとに修正する余地がまったくない約款のような契約でない限りは、案件の性質に応じて大量のひな型のなかからいくつか選択したり、特定の条項を追加または削除したり、契約当事者や取引の目的物などの情報を反映したりする必要があったのではないかと思います。このような場合、Wordでひな型を作成しておいたとしても、以下のような限界が存在したのではないかと思います。

まず、Wordのひな型で案件の性質に応じて変更すべき箇所が存在する場合には、ひな型を複数ファイル作成するか、ひな型の内部にブラケット等で選択肢を設けておくことで案件ごとにどれかを選ばせるくらいしか方法がないと思います。そのため、担当者がどのような場合にどのひな型を利用し、それぞれのひな型にどのような変更をすればよいのか理解することがむずかしい場合があったのではないかと思います。また、契約書に案件情報を反映するために、各担当者がWordファイルを直接編集する必要があったのではないかと思います。担当者が毎回の案件のためにこれらの作業を行うとすると、結局ドラフトを作成するための手間がかかったり、ミスが頻発したりするため、結局のところ内部での確認のための工数を要していたのではないでしょうか。

自動ドラフティングは、このような「Wordでひな型を作成することの限界」をシステムによって解決しようとするものです。自動ドラフティングを導入することによって、必要なひな型の選択やカスタマイズ、そして案件情報の反映は裏側でシステムが行ってくれるため、担当者はただ質問に答えていくだけで、一度もWordファイルを触ることなく、自社にとってベストなファーストドラフトを作成することができます。

【質問③】

法務部の課長をしていますが、部下がドラフトした契約書にミスが多く、チェックにかなりの時間をとられてしまっています。このような場合には、最近よく耳にする「自動レビュー」を試してみるのがよいのでしょうか。

若手がファーストドラフトした契約書を社内でレビューするのに要する時間を削減するために「自動レビュー」プロダクトを導入したいという相談を受けることがあります。担当者によって、同じ種類の契約であってもドラフティングされた内容にばらつきがあり、必要なポイントを落としていたり、前後に矛盾があったりするなどのミスが存在するため、自社がドラフトした契約書のレビューを自動化することで、そのようなミスを防ぎたいということのようです。

たしかに、自動レビュープロダクトを導入することで、自社のファーストドラフトのうち欠けているポイントや、前後の矛盾を自動で検出させることは不可能ではありません。もっとも、自動レビューを利用するためには、契約類型ごとに機械にチェックさせるべきポイントを人間が設定し、各ポイントについて機械学習を行う必要があるため、立ち上げにはコストを要します。「取引先から提出された先方ひな型のドラフトやコメントの内容をレビューしたい」ということではなく「自社のドラフティングが適切になされていない場合があるので困っている」というニーズであれば、自動レビュー機能まで導入する必要はなく、自社でのドラフティング作業を標準化することによって、よりシンプルに解決することができます。

自動ドラフティング機能を利用することで、従来のWordのひな型よりもフレキシブルに各案件のためのカスタマイズを行うことができ、かつその内容はあらかじめ設定したものに標準化されるため、上司にとっても「この案件に特有の修正点は存在するか。存在するとすればどこなのか」を一目で知ることができます。これにより、レビューすべきポイントを大幅に限定することができ、作業を効率化することができます。

> **【質問④】**
>
> 「自動ドラフティング」の導入時に気をつけるべきことがあれば教えてください。

自社のためにカスタマイズされた契約書のドラフティングを

自動化することは、自然言語処理技術を利用せずに、いわゆるRPA等によって実現することも不可能ではありません（第３部第２章第６節参照)。そのため、すでにドラフティングの自動化について検討された経験があるという企業の話を耳にすることもあります。そのなかには、ドラフティングの自動化に成功されて大幅に業務が効率化されたというケースもあれば、複数のベンダーと試してみたものの、最終的に実現に至らなかったというケースもあるように思います。では、ドラフティングの自動化が成功するか否かの分岐点はどこにあるのでしょうか。

自動ドラフティングの導入時における最も大きなハードルは、担当者の頭にあるドラフティングの思考回路をシステムに落とし込むために、「どのような場合にどのような契約や条項が必要となるか」という条件をすべて明確にする必要があるところです。これを企業側の担当者が単独で行うことは、想像以上に困難な作業であるように思います。なぜなら、担当者自身も無意識のうちに矛盾したドラフティングをしているケースや、考えたことがない条件の組合せが存在することがほとんどであり、すべての条件とその結果を言語化することは、労力がかかるうえに法的にもむずかしいためです。それにもかかわらず、自動ドラフティングの開発者側から「それでは仕様を教えてください」と丸投げされて困ってしまった、というのが、ドラフティングの自動化が頓挫する主要な要因の１つだったのではないかと思います（そのため、これまでドラフティングの自動化に成功してきた事例では、案件によるカスタマイズがあまり必要ではない単純な契約書を対象とするものが主であったように思います）。

したがって、特に複雑性の高い契約書について自動ドラフティングを導入する場合には、導入時に外部の法律事務所等と協働することも検討に値します。外部の法律事務所が関与することにより、①法律事務所側から「どのような場合にどのような契約や条項が必要となるか」という仕様の叩き台を出したうえで、ユーザー企業の法務担当者がそれを確認・フィードバックする進め方が可能となり、一連の作業を効率的に進めることができるようになります。また、②法律事務所からのアドバイスによって過去のプラクティスの問題点を洗い出して自社ひな型をブラッシュアップすることもでき、法務クオリティという観点からも長期的に高い効果を見込むことができます。

このように、自動ドラフティングの導入には法務の専門家の関与が必要であり、法務の専門家とシステム開発ベンダーとがうまく協働できることが自動化の実現のための鍵となる場合があります。LegalTech企業には、法務の専門家とシステム開発の専門家が密に連携するプラットフォームとして、従来よりも難易度の高いドラフティングの自動化を実現することが期待されます。

3　自動レビュー

【質問⑤】

契約書の自動レビューがあれば、簡単な契約交渉について人間の作業はいっさい不要になるのでしょうか。

契約書の「自動レビュー」は、自然言語処理技術を用いて、レビューの対象となる契約書のうち修正を要する可能性がある部分を検出し、代案となる文言を提示することを目指すものです。

たとえ経験を積んだ弁護士であっても、人間である以上は「見落とし」が存在し、相手方から提示されたドラフトに対して自社の利益を守るために必要な修正をもらしてしまう可能性があります。自動レビュープロダクトは、事前にインプットされた項目について機械が確認をすることで、そのような「見落とし」を防止し、リスクを回避する能力を底上げすることをねらいとしています。

また、契約をレビューする際に、「相手方から提示された条項を受諾してよいのか」を判断したり、「過去に類似案件ではどのような規定を設けていたのか」を検討するためには、自社における過去の契約プラクティスについて調査する必要があります。契約の自動レビュープロダクトが契約データベースと組み合わされることによって、自社のプラクティスが「見える化」され、争点となっている条項が自社においてどの程度一般的であるのか判断するために参考となる統計情報を提示したり、過去に合意された実績のある同種の条項のサンプルを閲覧することができるようになります。

このように、自動レビュープロダクトは、見落としを防止し、適切な条項案を提示するという意味で、機械学習の特性を活かしたユニークな価値を提供することができるものだと考えられます。

もっとも、自動レビューを導入したとしても、質問にあるように「人間による確認が不要になる」ことはなく、むしろ人間が確認することが前提となる点には注意が必要です。人間による確認が不要となるわけではない最大の理由は、機械学習技術の特性と関係します。機械学習は、「あらかじめ定められたルール」に厳格に従うというこれまでの演繹的なシステムとは大きく異なり、過去の事例の集積から学習することで確率的に一定のアウトプットを出すものですので、「100％の正確性を保証することが原理的に困難である」という性質があります。また、機械学習は過去の事例を基礎とするものですので、新規性のある論点には対応することができません。たとえば、民法改正前の契約書をどれだけ学習したとしても、民法改正後の論点を自動的に検出することができるようにはなりません。

そのため、機械学習を用いた契約の自動レビュープロダクトは決して完全無欠のものではありません。学習により精度が上がりはするものの、必要な修正箇所を見落とすリスクはいずれにせよ残りますし、提案内容が正確ではない場合もありえます。もっとも、人間も同じように見落としたり不正確な修正をしてしまう場合があるので、自動レビュープロダクトによって「ダブルチェック」をかけることにより（いわば、人間と機械はいずれも不完全だという前提で、それらが相互補完することにより）、最終的な契約のクオリティを上げることが可能であると考えられます。

【質問⑥】

経営管理部です。人間によるチェックが不要にならないのであれば、自動レビューを導入しても、工数の削減を期待することはむずかしいのでしょうか。

自動レビュープロダクトが「ダブルチェック」としての役割にとどまり、人間による確認を完全に不要とするわけではないのであれば、自動レビューは工数の削減には寄与しないのではないかというご質問を受けることがあります。もっとも、以下のように、自動レビューをうまく活用することによって、契約交渉を効率化することが可能であると考えられます。

① オペレーションを簡略化する

一定以上の規模の会社であれば、契約をレビューする場合には、図表2－3－3のような多層的なオペレーションが行われているのではないでしょうか。

① 取引先との対面になっている事業部が契約書を受領する
② 事業部が契約書を確認し、社内ルールに従って法務部に確認を依頼する
③ 法務部が契約書を確認し、事業部に戻す
④ 事業部は修正内容を確認のうえ取引先に送付する

図表2－3－3　多層的なオペレーションのイメージ

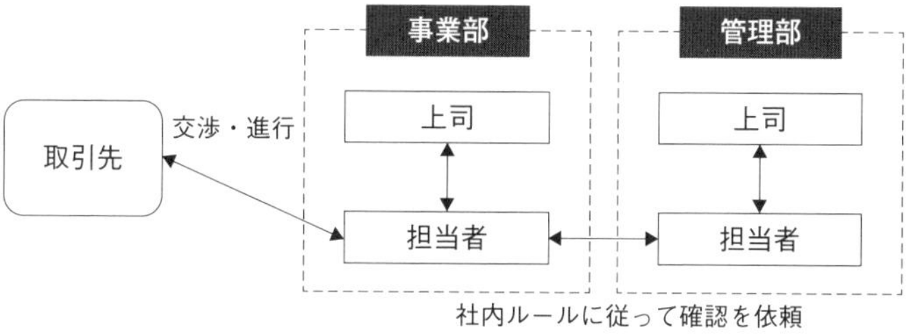

このとき、事業部と法務部は、同じ契約書をそれぞれで確認しなければならず、重複して時間と労力を要しています。また、契約書の背景にある案件の概要や、取引先との交渉状況等の情報を共有するためのコストも発生していました。

ここで、「事業部から管理部に契約書レビューを依頼しなければならない基準」は、どのように設定されているのでしょうか。企業によってさまざまではありますが、大枠の考え方としては契約ごとのリスクの程度をふまえて、事業部だけでリスクを精査することが可能そうであれば事業部のみでレビューを完結させ、それがむずかしいのであれば、管理部にレビューを依頼するという仕組みになっていると思います。このとき、事業部に「契約の自動レビューシステム」という武器をもたせることにより、法務リスクを回避する能力を底上げすることができれば、従来よりも広い範囲の契約書について事業部でレビューを完結させる判断を会社として行うことも可能であるように思います（この場合、事業部が自動レビューのユーザーとなりますが、その場合の注意点については質問⑦をご参照ください）。

このことは、法務部内で、まず担当者がレビューし、さらに上司が重ねてレビューをしているケースであっても同様に当てはまります。すなわち、担当者によるレビューのクオリティを底上げすることによって、一定の簡易な契約であれば上司によるレビューを省略することも検討に値するのではないかと思います。

このように、自動レビュープロダクトの導入によって、契約の確認のためのオペレーションを簡略化する余地がある場合には、契約のレビューのクオリティを下げることなく工数を削減し、交渉を高速化することができる可能性があります。

② 「見落としの防止」のために要していた工数を削減する

もっとも、自動レビュープロダクトを導入したからといって、同時にオペレーションの変更まで実現することはむずかしいという会社も多いのではないかと思います。そのような場合であっても、自動レビューを導入することで、「見落としを防止するための時間」を削減することは可能です。そもそも、人間は「書かれていることに問題がないか確認する」ことと比較して「書かれていないことに問題がないか確認する（＝見落とさない）」ことが苦手であるため、従前は、過去のサンプルをいくつか確認して慎重に見比べるなどの作業に長い時間をかけることが必要となっていました。この点を機械と分担することで、全体として効率的なレビューを実現することが期待できます。

③ 交渉戦略や具体的な文言を検討するために要していた工数を削減する

自動レビュープロダクトは、契約に頻繁に登場する条項について、受諾するか否かについての会社としてのポリシーや、模範的な文言を記憶させておく機能を有している場合があります。このような機能を利用すると、交渉中の契約において対象となる条項が出現したときには事前に設定したポリシーや文言が表示されるため、交渉のたびに戦略や文言案を検討する必要がなくなり、高い工数削減効果を期待することができます（第２章第３節をご参照ください）。

【質問⑦】

自動レビュープロダクトの導入を検討していますが、導入時に気をつけるべきことはありますか。

契約の自動レビュープロダクトの導入時には、自社の業務オペレーションや過去の契約交渉プラクティスをふまえた、契約交渉ポリシーを反映させるための調整を慎重に行うことが重要です。具体的には、①自社がどのような項目を特に重視しており、逆にどのような項目は譲ってもよいと考えているのかを明確にするとともに、②文言の修正を要求する場合には、どのような文言とすべきかを記録させておくことが望ましいと考えられます。その理由は、以下のとおりです。

①　会社によって「レビューすべきポイント」は異なる

当然のことですが、契約のうちリスクが潜んでいるポイントは、各企業の事業領域や、契約交渉上のポジションに応じてそれぞれ異なります。それに応じて、契約書のうちどのようなポイントをどのように修正すべきか（または修正しないでよいのか）は、たとえば図表２－３－４のとおり、会社と状況に応じてスタンスが大きく異なるはずです。

図表２－３－４のような会社や案件ごとの性質を無視して、「ありもの」の契約レビュープロダクトをそのまま利用すると、その会社にとって真にリスクのある条項が無視され、他方で、重要ではない点で多くの修正提案が提示されてしまう可能性があります。

図表2－3－4　レビューすべきポイント

	A社：システム開発ベンダー	B社：システムのユーザー
契約期間	・長期化させたくない	・開発完了まで自動更新したい
開発したシステムの知的財産権	・自社に帰属させたい	・ベンダーに譲ってもよい
損害賠償の制限	・厳格に制限したい	・無制限にしたい

②　「だれが使うのか」によっても調整が必要

契約の自動レビューは、だれがどのような業務フローのなかで利用するのかによって、プロダクトに求められる役割が大きく変わります。たとえば、事業部の方による賃貸借契約のレビューのために、自動レビューを活用したとします。この場合に、自動レビュープロダクトが以下のような解説をしたとすればいかがでしょうか。

> 「この条項の背後にあるのは信頼関係破壊の法理です。この法理について、最高裁ではこのような判例が……」

法務部の方にとっては役立つ可能性もありますが、事業部の方は結局のところ自分で最終的な判断をすることができず、「やっぱり全部法務部さんがみてよ」という話になってしまいます。事業部の方に自動レビューを使っていただくのであれば、「定型的な契約書のうち特にポイントになる点について簡潔に修正案を出す」ようなプロダクトのほうが使いやすいでしょう（逆にいえば、それで手に余るような契約であれば、いずれにせよ法務部によるレビューが必要となるため、事業部の方に自動レビュープロダクトを利用していただくことが合理的なのかはよく検討する必要がありそうです)。

一方で、経験を積んだ法務部の方が、特に重要なポイント(反社会的勢力の排除に関する条項が入っているか等)のみを確認するプロダクトを利用した場合には、実際に使ってみると「これくらいなら別に自分でみるかな…」という感想をもたれる方も多いようです。他方で、網羅的に論点を検出するように設定すると、逆に若手の方がうまく扱うことができずに持て余してしまうという話もよく耳にするところです。

このように、自動レビュープロダクトはうまく扱うことができれば効果を期待することができるものの、特に大企業がユーザーである場合には、「とにかく市販のものに契約書をアップロードすれば使える」というものではありません。自動レビュープロダクトの導入時には、対象とする契約の内容やどのような利用フローが想定されているのかをふまえて、「レビュープロダクトに何を期待するか」を明確にしたうえで、その会社のレビューのポリシーを事前に慎重に設定する必要があると考えられます。

【質問⑧】

契約の自動レビューを導入するためには、事前に契約交渉の「ポリシー」を明確化することが重要だといっても、当社にそのようなポリシーは存在しません。私たちが最初から作成する必要があるのでしょうか。

自動レビュープロダクトの導入時に、自社のポリシーを適切に設定することが重要であることは質問⑦のとおりですが、ポリシーの設定そのものを完全に自動化することは現時点ではむずかしいため、人間が慎重に検討のうえで設定する必要があります。

自動レビュープロダクトを導入するにあたって、自社のポリシーを明確化することは、自動レビューの前提となるだけではなく、それ自体の効果として、①契約交渉の戦略や文言案について、毎回同じような検討をする手間を省くことにより業務を効率化することができ、また、②判断基準を統一化することで、案件や担当者ごとにブレがあるコメントをしてしまうことによって意図せぬ法務リスクを抱え込む可能性を低減することにつながり、長期的な効果を見込むことができる施策であるといえるように思います。

一方で、自動レビュープロダクトの導入時に、ベンダーから「それではポリシーの設定をお願いします」と依頼されて困ってしまったという話をよく聞きます。大企業であっても、契約交渉に統一的なポリシーを設定し、社内で共有できている企業は多くはないように思います。そもそも、このようなポリシーを作成することは、各種契約について法務リスクをどの程度許容するかについて経営的な意思決定を行うことに等しく、まさに法務戦略の策定そのものですので、法務的に非常に難易度が高い作業であるように思います。

したがって、自動レビューのポリシーを策定するにあたっては、外部の法律事務所等に依頼し、自社のプラクティスをふまえた最適なポリシーを提案してもらうことも考えられます。このような作業の経験がある法律事務所であれば、各種契約についてどの範囲で機械学習によるレビューを任せることが望ましいのかについて助言を受けることができるため、作業をスムーズに進めることが可能となります。また、ポリシーの設定にあたって法律事務所の目線からプラクティスを見直すことで、契約業務全体のクオリティーを大幅に向上させる機会とすることも可能であるように思います。

【質問⑨】

契約をレビューするときに、「以前に同じような契約をみたことがあるな」と気づき、その契約書を参考にできれば効率的に作業を進められるなと思うのですが、いつの契約書であったのかいつも思い出せません。また、時間をかけて探してみたところ、1つだけ似たような契約が見つかったのですが、今回も同じ文言にしてよいのか自信をもてません。何かよい方法はないでしょうか。

「契約書をチェックする」という業務のプロセスは、典型的には図表2－3－5のように分解できるのではないかと思います。

こうしてみると、契約書のレビューのうち多くの部分は、過去の契約書データをふまえた検討が必要であることがわかります。一方で、多くの場合において、過去の契約データを探すために担当者が頼りにできるのは自身の記憶のみであり、関係する契約書がどこに保存されているのかも不明であることが多く、仮にそれらしき契約書を見つけても、今回の案件でも同様の条項を利用してよいか判断できないことが多いと思います。

契約のレビューにおいて直面するこのような問題は、個々の

図表２－３－５　業務時間に占める各作業の割合

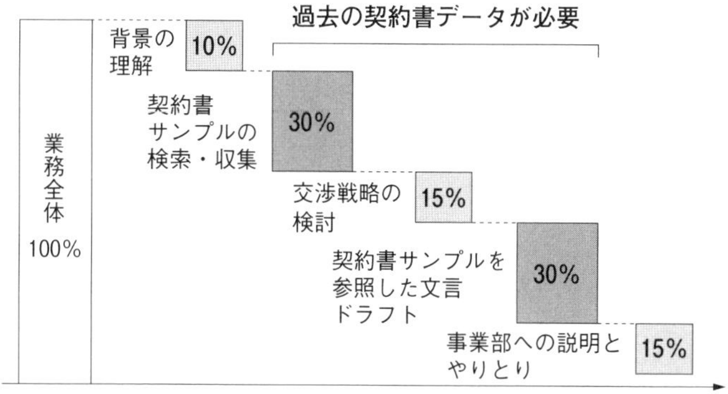

（注）図表２－２－４の再掲

「レビュー業務」のみに焦点を当てても解決することができず、むしろ契約管理に自然言語処理技術を導入し、契約の「見える化」を実現することによって解決すべきであるように思います。この点については、第２章をご参照ください。

第4章

Topic③
——不正調査におけるドキュメントレビュー

1 不正調査

従業員からの内部通報等を端緒として企業における不正事案の疑いを認識した場合、企業は、適切な不祥事対応を行うため、不正事案に係る事実関係を正確かつ迅速に把握する必要があります。その際には、不正事案の規模、対外的影響の程度、当局対応の要否、世間の関心の程度、関係者について見込まれる処分の重大性等の事情を考慮し、不正事案に係る事実調査（以下、「不正調査」といいます）を外部の弁護士に委任することも考えられます。

2 不正調査の方法

不正調査は、不正事案に関連する（紙の）書類の精査、電子メールやWordファイル等の電子ファイル（以下、「電子資料」といいます）の精査、関係者へのインタビュー、ホットラインやアンケート調査を利用した情報収集、現地視察などの方法で行われます。

PCや電子メールが使われるようになる以前は、客観的資料として、（紙の）書類の精査が中心でしたが、現在では、もちろん（紙の）書類の精査が重要な場合はあるものの、PCで電子資料が作成されることが多く、さまざまなやりとりが電子メールで行われるため、客観的な証拠を獲得するという観点からは、不正調査において、電子資料の精査（以下、「ドキュメントレビュー」といいます）を行うことがきわめて重要となっています。

たとえば、特定の従業員が不正に関与していることをうかがわせる資料として、カルテル事案であれば、競業他社の従業員に対して会食の御礼を伝える電子メールなどが考えられます。また、上司が不正を認識していたことをうかがわせる資料として、不正に関する従業員間の電子メールのCC（カーボンコピー）に上司が含まれているもの、会議における部下からの報告資料、上司の発言を記録した会議議事録などが考えられます。

企業の役員および従業員が業務上送受信する電子メールの数は膨大であり（数百万件にのぼる場合もある）、業務上作成される電子資料の数も膨大であるため、ドキュメントレビューには、通常、多大な人的・時間的コストがかかります。弁護士が不正調査を行う場合、一次レビューをパラリーガルや外部業者に委託し、関連性がある可能性があると判断された資料のみを弁護士が二次レビューするなどの工夫を行ってはいるものの、ドキュメントレビューに係る人的・時間的コストの削減は課題として残っています。

そこで、ドキュメントレビューの人的・時間的コストを削減するため、現在では、Technology Assisted Review（以下、「TAR」といいます。TARは、predictive coding、computer assisted reviewと呼ばれることもあります）を利用したドキュメントレビューが、すでに多くの調査案件で利用されています。以下では、まず、従来型のドキュメントレビューがどのように行われているかについて説明したうえで、TARを利用したドキュメントレビューの特徴や現状について紹介します。

3　従来型のドキュメントレビュー

原始的なドキュメントレビューの方法としては、調査対象となるすべての電子資料を弁護士等のレビューアーが一つひとつ読んで精査する方法があります。調査対象となる電子資料の数が限られている場合には、現在でも、そのような精査方法が用いられることがあります。しかし、調査対象となる電子資料の数が膨大な場合には、人的・時間的コストを削減するため、弁護士等のレビューアーが精査する電子資料の数を絞り込む工夫が行われています。原始的なドキュメントレビューから一歩進んだ従来型のドキュメントレビューの基本的な発想は、レビュー対象とする電子資料を一定の条件で絞り込み、当該資料のみを対象として弁護士等のレビューアーが精査することにより、人的・時間的コストの観点から効率的なドキュメントレビューを目指すというものです。具体的には、①不正事案に関連する電子資料に含まれているキーワードを予想し、当該キーワードで検索をかけて、対象資料を絞り込みます。また、②不正が行われた時期がある程度判明している場合には、当該期間およびその前後の期間に送受信された電子メールに絞り込むことも考えられます。さらに、③関係者がある程度判明している場合には、それらの者が送受信した電子メールに絞り込むことも考えられます。

しかしながら、電子メール等の電子資料において不正を明示的に示唆する言葉を使用しない例も多く、また、言葉遣いも人によってさまざまであり、類義語も多いため、①事前に適切なキーワード（関連性のある電子資料をもれなく補捉し、関連性のない電子資料を補捉しないキーワード）を正確に予想することは容易ではなく、キーワード検索には限界があります。キーワードを絞り込めばレビュー対象の電子資料の数を減らすことができるものの、関連する資料を補捉できない可能性が高まります。他方で、検索もれを防ぐために広範なキーワードを設定すれば、関連性のない資料を多く捕捉してしまう可能性が高まります。また、②対象期間や③対象者を絞り込みすぎてしまうと、不正に関連する証拠を拾い損ねる懸念があります。

4　TARを利用したドキュメントレビュー

TARは、AIの学習機能（アルゴリズム）を利用して、ある電子資料が不正事案と関連性がある資料であるか否か、すなわち不正の証拠または手がかりとなりうる資料であるか否かを機械的に判定するツールです。アメリカでは、民事訴訟におけるディスカバリにおいてTARの使用を認める裁判所の見解が2012年に示されて以来、ディスカバリ等においてTARが使用されることが一般的になっています。日本においても、最近では、不正調査のドキュメントレビューにおいてTARが使用されることが増えてきています。

TARの仕組みは、TARを提供するベンダーごとに異なりますが、一般的な仕組みとしては、まず、ドキュメントレビューの対象となるすべての電子資料のなかから一定数（数百件ないし1,000件）の資料をサンプルとして取り出し、不正事案の内

図表2－4－1　TARのイメージ

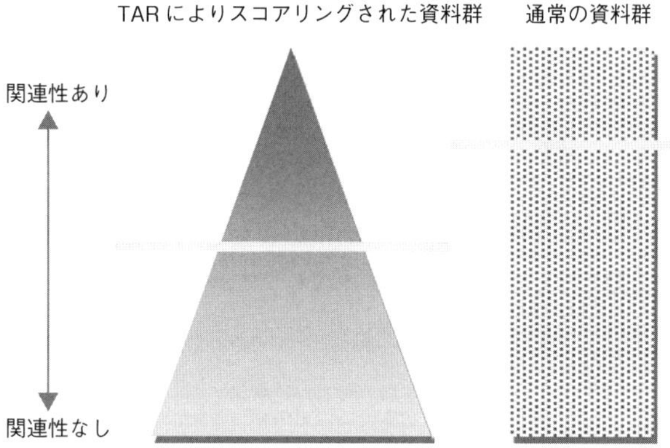

容を理解している弁護士等のレビューアーがレビューをして関連性の有無を判定します。そして、そのデータがAIを学習させるための教師データとして、関連性のある電子資料と関連性のない電子資料をAIに学習させ、AIがアルゴリズムを用いて関連性のある電子資料の特徴および関連性のない電子資料の特徴を分析します。そして、その分析結果に基づき、AIが残りの電子資料（サンプルを除く、弁護士等がレビューしていないすべての電子資料）について関連性の有無を判定し、あるいは関連性の程度をスコアリングします。その結果、弁護士等のレビューアーは、関連性がある可能性が高い電子資料あるいは関連性の程度が高い電子資料から優先的に精査することが可能になります。これにより、図表2－4－1のように、確率論としては、TARを利用した場合、同じ件数の資料を精査したときに得られる関連性がある資料の件数がより多くなることが期待できます。あくまでイメージですが、TARを利用すれば、全

体の30％の電子資料をレビューすることにより、（TARを利用せずに）全体の80％の電子資料をレビューした場合と同じ数の関連性ある資料のレビューが可能となると考えられます。

なお、TARは、対象となる電子資料のテキスト情報を分析するため、音声データやビデオ映像、写真等のイメージファイルを分析することはできません。

以上の一定数（数百件ないし1,000件）の電子資料のサンプルを弁護士等のレビューアーがレビューし、その結果をAIに学習させる方法は、TAR1.0と呼ばれているバージョンで一般的に採用されています。TAR1.0では、一定数のサンプルに対するレビュー結果に基づいてAIが学習することになるため、サンプルが電子資料全体の内容を適切に反映・代表していることが重要となりますが、ドキュメントレビューの初期段階で適切なサンプルを抽出することは必ずしも容易ではありません。

そこで、最近では、サンプルに基づく学習にとどまらず、継続的にAIを学習させる手法として、Continuous Active Learning（以下、「CAL」といいます）と呼ばれる手法も開発されており、かかる手法はTAR2.0と呼ばれているバージョンで採用されています。これは、初期の学習を省略しまたはきわめて少量にしたうえでAIに判定を開始させ、AIが関連性の程度をスコアリングし、その後、弁護士等のレビューアーがスコアリングの高い電子資料からレビューし、その判定結果をAIに継続的に学習させることにより、AIが継続的に電子資料の関連性の程度のスコアリングを更新するというシステムです。

CALのメリットとして、AIの初期の学習に要する人的・時間的コストを削減できる点、継続的な学習によりAIの精度が向上する点があげられます。他方、CALのデメリットとして、AIは学習するたびに判定結果を更新するため、弁護士等のレビューアーが優先的に精査すべき資料やその数が変動し、一定の学習を経るまではドキュメントレビューの見通しが立ちにくい点があげられます。

以上のとおり、TARを使用したドキュメントレビューは、AIのアルゴリズムの働きが重要となりますが、TAR1.0においてもTAR2.0においても、弁護士等のレビューアーによるレビューの質が高いことがTARによる正確な判断のために不可欠であることに留意が必要です。弁護士等のレビューアーによるレビューの質が低い（関連性のある電子資料を関連性がないと判断してしまう、あるいは関連性がない電子資料を関連性があると判断してしまう）と、その結果をもとにアルゴリズムが形成されるため、適切に関連性の有無を判断するアルゴリズムが形成されなくなってしまうからです。したがって、TARを使用したドキュメントレビューを行うにあたっても、事前に弁護士等のレビューアーが不正事案の内容をよく理解し、不正事案の内容に応じた関連性に関する正確な判断ができるよう十分な準備が必要です。

5　AIを利用したモニタリング

AIは、不正の兆候を早期にとらえ、不正の発生・拡大を阻止するためにも利用されています。たとえば、カルテルのモニタリングであれば、AIが従業員の業務メールを監視し、従業員が同業他社と価格に関するやりとりを行った場合にアラートを発するシステムが存在し、これを導入している企業もみられます。また、ミスレポーティング（いわゆる財務諸表における虚偽表示）や会計不正を検知・予測するシステムの研究開発も進められています。

今後は、不正を行った企業が再発防止策としてこのようなモニタリングシステムを導入することにより、当局に対して再発防止策の実効性を説明していくことも考えられます。

第5章

Topic④
——訴訟手続におけるテクノロジーの利用

1 訴訟のIT化

(1) 訴訟のIT化の現在地

裁判手続の質は日本経済の発展にとって重要な要素といえます。世界銀行は「Doing Business[43]」という調査を毎年実施しており、ビジネスをしやすい国はどこかという観点から、ランキングを作成しています。このランキングの2020年版では、「契約の執行」(Enforcing Contracts)という項目のうち、「裁判手続の質」(Quality of judicial processes index)という指標において、18ポイントを満点として、中国が16.5ポイント、シンガポールが15.5ポイント、アメリカが15.0ポイント、韓国が14.5ポイントと高い評価を得ているのに対して、日本は7.5ポイントという非常に低い評価を受けています。このランキングは、日本政府の成長戦略のKPI(成果指標)として位置づけられているところ、以前から低い評価であった裁判手続の質について、これを改善するため、訴訟のIT化が内閣官房により進められることとなりました[44]。

内閣官房は、日本経済の長期停滞を打破すべく、近年急激に起きている第4次産業革命(IoT、ビッグデータ、人工知能(AI)、ロボット、シェアリングエコノミー等)のイノベーションをあら

43 https://www.doingbusiness.org/en/doingbusiness

44 吉峯耕平「デジタル証拠の収集と裁判のIT化の最新動向」『日弁連研修叢書　現代法律実務の諸問題〈平成30年度研修版〉』(第一法規、2019年)

ゆる産業や社会生活に取り入れることにより、さまざまな社会課題を解決するSociety 5.0[45]の実現に向けた改革の案として、2017年6月9日に「未来投資戦略2017[46]」を閣議決定しました。そのなかでは、「迅速かつ効率的な裁判の実現を図るため、諸外国の状況も踏まえ、裁判における手続保障等総合的な観点から、利用者目線で裁判に係る手続等のIT化を推進する方策について速やかに検討し、本年度中に結論を得る」ことが掲げられています。

これを受けて2017年10月に設置されたのが、裁判手続等のIT化検討会です。この検討会で話し合われた訴訟のIT化に向けた実現プロセスは、「裁判手続等のIT化に向けた取りまとめ―「3つのe」の実現に向けて―」[47]（以下、「IT化取りまとめ」といいます）に記載されています。「IT化取りまとめ」によれば、訴訟のIT化の実現目標として、e法廷（e-Court）、e提出（e-Filing）、e事件管理（e-Case Management）の3つが掲げられています。これらの実現目標のうち、e法廷（e-Court）については、フェーズ1（法改正を要しないIT化）およびフェーズ2（法改正を要するが、システム開発を要しないIT化）を通じて実現していくプロセスとされており、残りのe提出（e-Filing）およびe事件管理（e-Case Management）については、フェーズ3（法改正およびシステム開発を要するIT化）を通じて実現し

45 ①狩猟社会、②農耕社会、③工業社会、④情報社会に続く、人類史上5番目の新しい社会。

46 https://www.kantei.go.jp/jp/singi/keizaisaisei/pdf/miraitousi2017_t.pdf

47 https://www.kantei.go.jp/jp/singi/keizaisaisei/saiban/pdf/report.pdf

図表２－５－１　利用者目線から望まれる裁判IT化のプロセスのイメージ

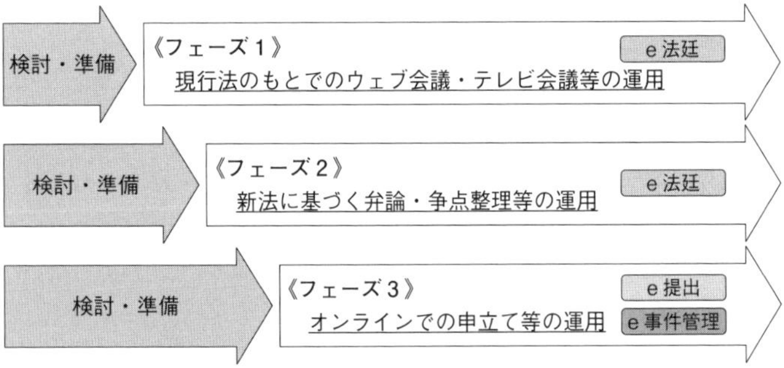

（出典）　裁判手続等のIT化検討会「裁判手続等のIT化に向けた取りまとめ―「３つのｅ」の実現に向けて―」20頁

ていくプロセスであるとされています（図表２－５－１参照）。

フェーズ１については、すでに実際に運用が開始されており、2020年２月から「MicrosoftTeams」[48]を利用して、期日等をウェブ会議により行う運用が一部の裁判所で開始されました（本人訴訟は対象外とされています）。対象となる手続は下記の４つです[49]。

・弁論準備手続の音声の送受信による期日（当事者一方不出頭）
・書面による準備手続の協議（当事者双方不出頭）
・進行協議の音声の送受信による期日（当事者一方不出頭）
・事実上の打合せ（当事者双方不出頭）

両当事者が同意することを前提として、これらの手続におい

48　インターネット回線を通じたウェブ会議システムやファイル共有等を実現するソフトウェア。ウェブ会議機能やファイル共有機能を有します。
49　日弁連ｅラーニング「民事裁判手続IT化フェーズ１実務対応」（2020年）https://kenshu.nichibenren.or.jp/product/detail.php?pid=24018

ては一方または双方がTeamsを利用して手続に参加することが可能となりました。これまでは電話会議システムを利用した手続が行われてきましたが、それとは異なるTeamsを利用した手続の効用として、実際に提出された書面や証拠をみながら期日進行がなされるため、より充実した議論が期日の場でなされることが期待されます。

また、準備書面や証拠といった裁判書類の正式な提出方法はこれまでのとおりですが、ファイル共有機能を利用することによって、Teamsを利用した期日の場で事実上の書面を提出することが可能となります。事実上の書面の提出は必ずしもすべての事件で行われるわけではありませんが、事件の性質に応じて、瑕疵一覧表、診察経過一覧表、時系列表といった争点整理のための書面等を、あくまで事実上の書面として事案の理解のためにやりとりすることも想定されています。

次に、フェーズ2では、法改正を伴い、ウェブ会議において行われる手続の拡張が図られることとなります。具体的には、双方当事者の出頭を要しない第1回口頭弁論期日や弁論準備手続、また、ウェブ会議を利用した証人尋問の実施が検討されています。2020年3月11日に開催された「裁判手続のIT化検討会（第10回）」の法務省民事局提出資料（配布資料1）によれば、改正法案の国会提出およびフェーズ2の一部実施が2022年頃、フェーズ2の完全実施は2023年以降とされています。

フェーズ3では、裁判書類の提出についてオンラインによる提出へ移行し、裁判記録を全面的に電子化することを目指しています。具体的には、e提出（e-Filing）との関係では、訴状の裁判所への提出や答弁書その他準備書面のやりとり、そして判決書の送達までオンラインで完結させることが検討されています。また、e事件管理（e-Case Management）との関係では、裁判所が管理する事件記録へオンラインでアクセスできるようになり、期日の日程調整等の手続もオンライン上で行えるようにすることが検討されています。これらを実現するためのシステム構築については、まだ具体的に定まっておらず、「IT化取りまとめ」(17頁）では、「既存のシステムとの関係整理のほか、IT技術の将来的進展に対応できる柔軟性・拡張性を確保していく必要があろうし、民間のサービス・技術との連携も視野に入れて、必要な情報セキュリティーの確保を前提に、API連携（複数システム間の連携や外部サービスの機能活用・共有等)、クラウド化、データ形式のオープン化等の様々な可能性を検討していくことも考えられる」とされています。

フェーズ３の完全実施は、フェーズ２の完全実施同様、2023年以降とされています。

(2) 諸外国における訴訟のIT化と日本における課題

訴訟のIT化について、日本は諸外国に遅れをとっているといわれています。諸外国における訴訟のIT化の流れと現状は、図表２－５－２のとおりです。

アメリカでは、裁判所内部での事件管理や裁判所への電子申請を目的とするCM/ECF（Case Management/Electronic Case Files system）というシステムと、裁判情報の電子閲覧を目的とするPACER（Public Access to Court Electronic Records）というシステムが、1990年代に導入されましたが、2007年にはすべての連邦地方裁判所で利用できるようになりました。

図表２－５－２　主な諸外国の現状について

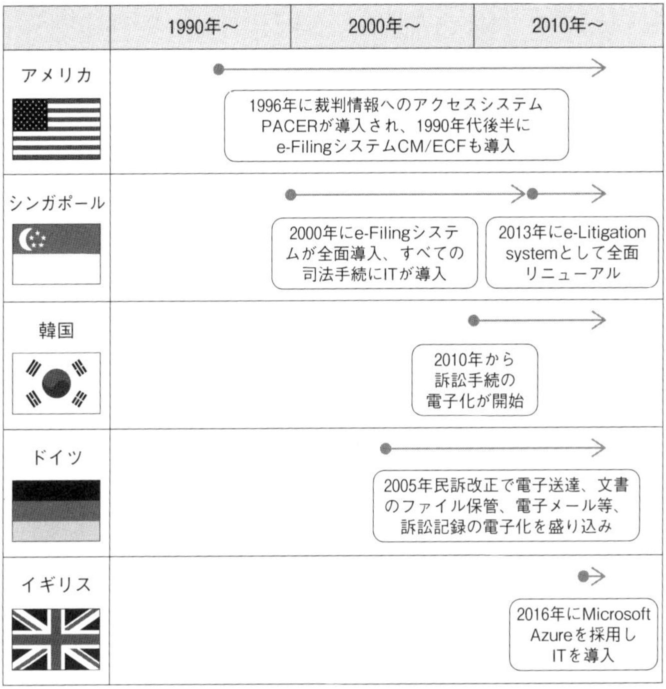

（出典）　日本経済再生本部「裁判手続等のIT化検討会（第１回）」資料２

また、シンガポールにおいては、1998年以降、裁判所への電子申請を目的とするEFS（Electronic Filing System）というシステムが導入され、2013年にはe-filing、e-Case Management、ビデオ会議、自動録音、統計データの作成を可能とするe-Lit（electronic Litigation System）というシステムが導入されるかたちで、訴訟のIT化が進められました。

さらに、訴訟のIT化が最も進んでいる国の１つである中国における訴訟のIT化の代表例として、2017年に開設されたインターネット裁判所があげられます。このインターネット裁判所では、審理される案件はインターネットに関連する事案に限定されるものの、当事者の認証、訴状の受理、送達、電子証拠の証拠調べ、調停、期日、音声認証による電子調書の自動作成、判決の言渡しまで、すべてをオンライン上で行うことが可能です[50]。

「IT化取りまとめ」(16頁)では、日本における訴訟のIT化に向けた課題として、本人訴訟への対応や情報セキュリティー対策が掲げられています。このうち、情報セキュリティー対策については、本人確認、改ざん・漏えい防止等の十分な対策をとる必要があるものの、経済社会一般で通用しているIT技術や電子情報に対する信頼性等を前提として制度設計をすることが望ましいとされています。また、日本の民事訴訟においては、本人訴訟の割合が高いという特色があります(簡易裁判所においては約8割の事件が双方本人訴訟であり、地方裁判所においても双方当事者に弁護士が選任されている訴訟は約4割にとどまります)。そのため、諸外国と比べても本人訴訟へのケアが必要となります。

諸外国の本人訴訟への対応に目を向けると、まずアメリカ[51]は、連邦裁判所および各州裁判所によって対応が多少異なるも

50　川合正倫「中国における司法のIT化:インターネット裁判所」(NO&T Asia Legal Update～アジア最新法律情報～第82号、2020年)

51　アメリカの訴訟のIT化については、「日本弁護士連合会コンピュータ委員会　2009年海外調査報告書Seattle」(2009年)、杉本純子「アメリカにおける裁判手続のIT化―e法廷の現状を踏まえて―」(自由と正義、2018年Vol. 69 No. 11〔11月号〕)、福田剛久『民事訴訟のIT化』34頁(法曹会、2019年)。

のの、本人訴訟の場合は、紙媒体による訴訟の申立ておよび書面の提出が可能であり、紙媒体で提出された書面については、裁判所においてスキャンして電子化することにより対応しています。電子化の際には民間のシステムが利用され、利用されるシステムは州によって異なりますが、コロラド州やデラウェア州などでは、LexisNexisが提供する「File&Serve」というシステムが利用されています。シンガポール[52]では、本人訴訟でも書面の電子提出が求められており、費用を自ら負担し、サービスビューローという民間会社が運営するサービスを用いて、提出する書面を電子化する必要があります。

このように、すでに各国で導入されている先進的な事例に比べると、日本の裁判制度は現時点では後れをとっていますが、今後、最先端の技術水準のシステムを構築し、それにあわせた制度設計を行うことができれば、諸外国にひけをとらない利便性とセキュリティーを兼ね備えたITシステムが整うことが期待されます。

また、ITシステムや法制度自体を変革していくことが必要であるとともに、実際に制度を運用することとなる法律実務家における意識変革も大きな課題です。裁判手続等のIT化検討会においても、諸外国の状況を視察した感想として、「各国ともに、裁判手続のIT化に関する法律は整備されているものの、実務家たちのこれまでの運用やマインドを変えることに苦労していることを感じた。例えばドイツなども、法律は非常に整備

52　シンガポールにおける訴訟のIT化については、本田正男「シンガポールにおける司法のIT化事情」（自由と正義、2018年Vol. 69 No. 11［11月号］）、福田剛久『民事訴訟のIT化』71頁（法曹会、2019年）。

されているが、現場レベルでは、今までずっとやってきた実務を変えたくないという弁護士ないし裁判官が非常に多く、そのマインドを変えるのが非常に大変だと聞いた」という感想が述べられています[53]。

日本においても、訴訟のIT化に伴い、IT機器を効果的に活用することで、期日に出頭する負担を軽減することや、メリハリのついた審理を行うことが可能となること、主張・証拠を電子情報として活用することを通じて、整理・検索の容易さが向上し、裁判手続の迅速化・充実化に資することなどがメリットとしてあげられます。

IT化したシステムを利用することで、裁判官・弁護士が、より効率的にそれぞれのプラクティスを行えるようになることに対して、納得感をもって前向きに取り組んでいくことが重要です。

2 訴訟準備活動へのLegalTech活用の可能性

(1) eディスカバリへの対応

現在、訴訟・紛争解決の分野でLegalTechが活用されている事例として、eディスカバリにおけるメールレビューがあります。アメリカ等の民事訴訟におけるDiscovery手続においては、広範な文書の開示が求められますが、その開示に先立ち、依頼

53 裁判手続等のIT化検討会・第2回議事要旨

者から受領した大量の電子メールについて、訴訟に関連性のある電子メールや、開示を拒否することができるカテゴリの電子メールを選別する際に、すべての電子メールを1通ずつ人の目でみて判断するには膨大な時間と労力を要します。そこで、弁護士が一部についてタグづけ（関連性の高低やトピックの特定等）を施した電子メールのデータを教師データとして、人工知能にインプットし、すべての電子メールのデータに対して、訴訟との関連性の高さに応じて点数づけを行うことが可能となっています。これはpredictive codingと呼ばれ、点数づけがなされることにより、より効率的かつ迅速に電子メールのレビューを行うことが可能となります。具体的には、人工知能が電子メールのレビュー業務に用いられることにより、40〜70%のコスト削減効果が期待され、レビューのスピードが約3倍にも達した事例もあるとされています。詳しくは、第1章第1節をご参照ください。

(2) 準備書面の作成に向けた資料の自動作成

弁護士の民事訴訟における業務の中心的作業の1つは、裁判所へ提出する準備書面の作成にあるといえます。ここで、準備書面の作成とは、依頼者から事実関係をヒアリングし、依頼者および相手方から提出された資料を読み込んだうえ、把握した事実関係および証拠に基づいて法的主張を構成し、それを記載した書面を作成する作業を指します。

準備書面を作成する弁護士にとって、思考の整理のために作成される資料の例として、当事者関係図、時系列表[54]、ブロック・ダイアグラム[55]といった資料があげられます。それぞれの弁護士の仕事の進め方によっても、また、担当事件の複雑さや、依頼者から提供される証拠ないし相手方から提出される証拠の多寡によっても、実際にこれらの資料を作成するか否かは異なりますが、弁護士の基本的な思考の出発点として、これらの資料においてまとめるべき事実関係の整理は重要であり、それらの資料を効率的に作成することができれば、準備書面の作成には有用と考えられます。

まず、当事者関係図については、読み込ませた電子メールのデータから電子メールの送信元、宛先のデータを読み取り、当事者関係図を作成するツールは、すでに存在します。ただし、この機能を備えたツールは、ｅディスカバリ対応や不祥事調査の際のフォレンジック調査など、大量の証拠や資料の整理が必要となる場合にのみ用いられるケースが多く、国内の民事訴訟対応の過程では、あまり用いられていません。しかし、大量の証拠の整理が必要となる複雑な事実関係を含む民事訴訟事件では、利用する余地があるものと考えられ、今後、この種のツールが低コストで広く利用可能となれば、その活用の幅が広がることが期待されます。

また、時系列表については、大量の証拠や事実関係を時系列に沿って整理して検討する必要がある大規模な紛争において、現在のところはWordやExcelを用いて手作業で作成する場合が多いところですが、事実と証拠を時系列順に整理することに

54　事実関係および当該事実関係を立証するために用いられる証拠を時系列順にまとめた資料。

55　訴訟における主張・立証の構造を要件事実論によって分析し、その結果をチャート化した資料（田中豊『法律文書作成の基本〔第２版〕』14頁（日本評論社、2019年））。

図表2－5－3　当事者関係図

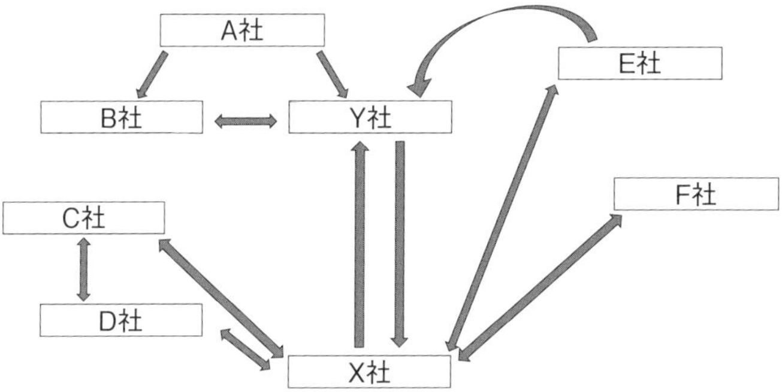

特化した、使い勝手のよいツールのニーズは高いものと思われます。証拠となる資料を時系列順に整理する際、同一のファイル形式の電子メールのデータのみであれば、電子メールの送受信日時の順番に並び替えを行うこと自体は容易です。しかしながら、訴訟においては、さまざまなファイル形式の電子データが証拠となることが多く、たとえば、契約書の原本や電子メールのプリントアウトをスキャンして作成されたPDFファイル形式の契約書や電子メールしかデータが存在しない場合、これらの証拠から電子メールの送受信日時や契約締結日時の情報を抽出し、時系列順に並び替えるためには、高度なOCR技術が必要となります。特に、契約書の契約締結日時は、手書きで記載されている場合も多く、また日付が記載される箇所が一定ではないため、これらを正確に、かつ、自動で読み取るためには、高度な技術力が必要となります。

時系列表の作成については、すでに実用化されているツールが英語版には存在します。事実関係や資料の作成日時については利用者自ら入力する必要があるものの、このツールを利用することにより、事件に関連するすべての事実関係およびドキュメントをキーワード検索可能な状態で一元的に整理し、証言録取のテキストデータと証拠の関連づけを行うことも可能になるとされています。このツールでは、時系列（Chronology）による整理のほか、法的論点（Issues）に着目した整理、特定の人物、団体、書類、出来事、場所等の事項（Objects）に着目した整理も可能となっています。

そして、ブロック・ダイアグラムについては、民事訴訟において選択される頻度の高い請求原因について、過去の事件においてその要件が認められるために主張された事実関係のデータを参考にして、担当事件の事実関係をいずれの要件について主張すべきか提案するツールを導入することがありうるかもしれません。要件事実論に基づく推論を行うAIとして、判決推論用プログラミング言語である「PROLEG」を、国立情報学研究所の佐藤健教授が開発しており、現在、民法の条文および最高裁判例から要件を約１万ルール抽出し、実装しているとのことです[56]。

生の事件は、個別性が高く、１つとして同一の事実が並ぶ事件はないといえますが、AIの技術を利用してどこまで効率的な事実関係および主張の整理を実現することができるのか、非常に興味深いところといえます。

---

56 https://www.nii.ac.jp/seeds/2018/satoh.html

図表2－5－4　時系列表作成例

No.	日付	事実関係	資料／備考
	2020年		
1	8/24	X氏→Y氏　人材紹介会社を通じて、Y氏にメールで面談を提案。 Y氏→X氏　9/1に面談を希望する旨のメール連絡。	・同日22時14分付け　Y氏→X氏にメール
2	9/1	X氏・Y氏　喫茶店で、1時間半程度の第1回面談を実施。面談の際に作成したメモに「中途採用では採用手続が早く進む。」旨の記載あり。	・第1回面談時作成メモ ・2020年11月2日付け　Y氏ヒアリングメモ6頁
3	9/12	X氏→Y氏　電話で第2回面談を設定。	・同日9時52分付け　X氏→Y氏通話履歴
4	9/16	X氏・Y氏　X氏が勤務するA社の会議室にて2時間程度の第2回面談を実施。その際に、X氏からY氏に対して「合意書」という表題の付された書面を交付（当該書面にはA社代表取締役の署名押印はない）。Y氏の認識では、この面談の際に、X氏から「ぜひ一緒に働きましょう」との発言あり。 Y氏　SNS上に勤務先情報として登録していたB社（Y氏の勤務していた会社）の情報を、非公開設定に変更。	・同日付けメール ・Y氏が受領した「合意書」 ・2020年11月2日付け　Y氏ヒアリングメモ13頁 ・同日付け　Y氏アクセスログ
5	9/25	Y氏→X氏　「今後の手続についてはどのように進んでいくでしょうか。B社内での手続の都合上、ご教示いただけますと幸いです」とのメール送信。	・同日12時13分付けメール
6	9/27	Y氏　上司であるZ氏に対して、退職願を提出。	・同日付退職願の写し
7	10/3	X氏→Y氏　「残念ながら、Y氏の採用を見送らせていただくことになりました」とのメール連絡。 Y氏→X氏　電話で合意書の存在について問い合わせると、「契約条件について示すために交付したにすぎず、合意には至っていない」との回答。	・同日10時27分付けメール

図表２－５－５　ブロック・ダイアグラム

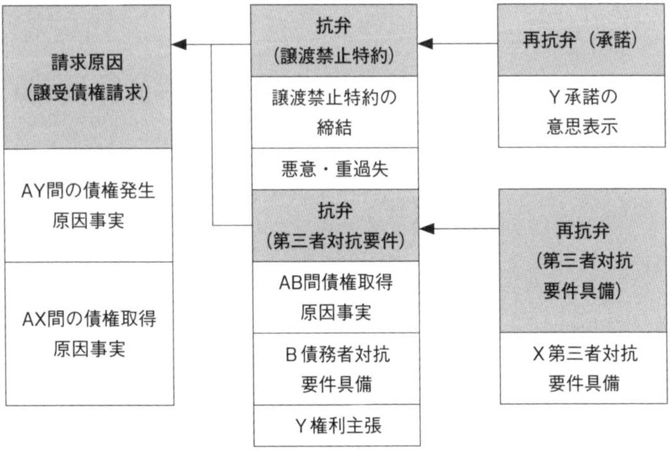

3　今後の展望

訴訟手続に関する今後の展望として、これから進められていく訴訟のIT化により、個人および企業が抱える紛争を解決するためのインフラである裁判手続が、より利用しやすい制度になることが期待されます。特にフェーズ３のｅ事件管理（e-Case Management）が実現することによって、訴訟記録の完全電子化が実現します。これにより、現在は裁判所、法律事務所、依頼者である個人および企業において、それぞれ紙媒体で保管されるのみであった訴訟資料が、電子データとして一元化して保管され、共有されることになります。これは、ペーパーレス化による紙の使用量の削減にもおおいに資することが期待されます。そして、プライバシー情報や企業の営業秘密に対する配慮から、集約された電子データをどのようなかたちで活用していくことが可能か、別途慎重な議論が必要となりますが、判決文の全件公開とともに全件の訴訟資料へのアクセスが原則として可能となった場合、裁判手続を利用する者の予測可能性が格段に向上し、裁判手続の透明性・公平性がより担保されていくこととなるでしょう。なお、民事事件の判決文に関しては、日弁連法務研究財団が設置した民事判決のオープンデータ化検討プロジェクトチーム（PT）において、これまで限定的にしか公開されてこなかった民事判決の情報を広く電子データとして提供することについて、2023年度を目処に実現することを目指して検討が進められています（民事判決のオープンデータ化については第6章第2節をご参照ください）。また、2020年に発生した新型コロナウイルス感染症の流行に伴い発出された緊急事態宣言のもとでは、大部分の民事裁判手続が停止し、民事上の権利の早期実現を必要とする人々や会社にとっては非常に大きな問題となりましたが、訴訟のIT化は、裁判官を含むすべての関係者のリモートワークの実現にも資するはずであり、非常時においても憲法上明記された権利としての裁判を受ける権利を実現するという観点からも重要な意義を有すると予想されます。

弁護士の視点から重要といえる訴訟準備活動へのLegalTech活用の可能性としては、現時点ですでに実用化されているｅディスカバリにおけるメールレビューへの対応を除いては、準備書面の作成に有益な資料の自動作成が考えられるところです。また、訴訟準備活動に限られない業務の改善に向けて、裁判例や文献のリサーチをより効果的かつ効率的に行うことが可能となれば、より短時間でクオリティの高い準備書面を作成するために非常に有益であるといえます。訴訟のIT化を見据えた未来予想図としては、訴訟資料の電子データの集約が進み、その分析・整理のための技術が開発されることにより、ゆくゆくはAIによる準備書面の（一部）自動作成が実現することとなるかもしれません。もっとも、典型的な事実関係や類似した事実関係が問題となる訴訟や、多くの案件の情報が蓄積されやすい訴訟など、特定の類型の訴訟においては、それが可能となる余地はあっても、ほとんどの紛争においては、その事件特有の個別の事情が含まれるのが通常といえることから、やはり準備書面の作成は、AIによって自動化することが困難な分野の1つになると予想されます。

以上に述べた民事訴訟手続のIT化、民事判決のオープンデータ化そしてそれに携わる弁護士の業務がLegalTechを利用したさまざまなツールによって充実していくことは、社会の重要なインフラである司法制度がよりよい発展を遂げることを意味します。その発展を通じて公正な社会の実現に寄与するため、今後もこのような動きが活性化していくことが望まれます。

第 6 章

Topic⑤
——リーガル・リサーチとデータベース検索

1 概　要

(1) リーガル・リサーチは法律事務所にとっての「力」の泉源

現実世界で生じるあらゆる問題に対して、１人の人間の経験で対処できる範囲はきわめて限られています。しかし、多くの先人たちの「肩の上に立つ」ことができれば、一見複雑怪奇に思える事象であっても解きほぐしていくことができます。その先人たちの知恵の集積が判例（個別の事件に対して一定の解決を示した具体的な裁判例が蓄積することによって、抽象的に社会のルールを描き出すもの）であり、文献です。この意味で、こういった判例や文献をいかにうまく自分のものとして使えるかということは、法律に携わる者にとってきわめて重要となります。また、法律事務所にとっては、判例や文献のリサーチに関するノウハウと知見の共有は、クオリティの向上のために不可欠といえるでしょう。

(2) かつてのリーガル・リサーチ

判例や文献が紙媒体でしか提供されていなかった時代においては、一般の事業会社にとっては、自ら判例や文献をそろえることは困難であり、リーガル・リサーチ（とそのために必要な判例・文献の集積）については、法律事務所に優位性がありました。その法律事務所のなかにおいても、膨大な文献のなかから必要な情報を見つけ出すリーガル・リサーチは、弁護士の長年の経験と「カン」に頼った職人技であり、その網羅性については必ずしも担保されていなかったといえます。

現在では、判例等については電子媒体が登場し、電子化が比較的進んでいる状況となっています。しかし、文献に関しては、電子化が大幅に遅れており、依然として紙媒体が主戦場となっています[57]。

(3) リーガル・リサーチ業務の抱えるペイン

判例等の電子媒体が登場した現在においても、リーガル・リサーチ業務は依然として改善の余地を残しています。リーガル・リサーチ業務におけるコストには、大別して、①求めている情報にアクセスするまでの時間コストと、②書籍という媒体（メディア）自体のコストがあります。

数ある法律書のなかから特定の論点についての記述を探すとき、まずは多くの書籍から関連しそうなものを選び出します。そして、目次や索引を手がかりにしながら、記載のありそうな箇所を読んでいきます。ここには、まず、「関係ある記述にたどり着くまでの時間[58]」がかかってきます。また、「思いもよらない書籍に記載されていた可能性」と「読んでいなかった箇所に記載されていた可能性」については検討からもれてしまうおそれがあります。そもそも能動的に検索しなければならないこと自体も１つのコストであるといえます。

57　日本の遅れは、アメリカの大手法律事務所では2000年代前半にはすでに図書館や図書室をもたないものも多かったことと比べるといっそう際立ちます。

58　ここを最小化するのが「弁護士の経験と「カン」」とされていたわけです。

リーガル・リサーチ自体のコストとは別に、書籍という媒体であることにより生じるコストも無視できません。まず、大量の書籍を長年にわたって物理的に保管しておくことには、保管場所の確保やメンテナンスに膨大な費用がかかります[59]。そして、いくら丁寧に扱っても、書籍の経年劣化や紛失・破損、絶版からは逃れられず、物理的なダメージに伴ってなかのデータも毀損してしまうという問題点もあります。また、１冊の書籍に対して一度に向き合えるのは１人だけで、複数人が同時に１つの書籍中のデータを参照することはできません[60]。さらに、絶版や品切れのリスク、アップデートがなされないリスクもあります。

このように、物理媒体には依然として大きな問題が多くあります。

(4) リーガル・リサーチの理想の姿

では、リーガル・リサーチにおいて理想の状態はどのようなものでしょうか。それは、「目的とする情報にアクセスするまでの時間とコストが最小である状態」です。

この「目的とする情報にアクセスするまでの時間とコスト」というのは、以下の３つにブレイクダウンできます。

① 求めている記載がある文献の特定にかかるコスト
② 当該文献を入手するためにかかるコスト[61]
③ 文献中の、求めている記載の箇所を特定するためにかかるコスト

59 大きい法律事務所となれば、その蔵書数は優に数万冊を超えます。
60 これをデータの同時実効性といいます。

以上のコストの和を最小化することが、リサーチ業務のペインを改善することであり、LegalTechが判例・文献データベースを扱う場合に求められているソリューションであるといえます。

近時、このようなリーガル・リサーチを効率化する観点からの動きが生じています。そこで本章では、「判例・文献データベース」の現状とLegalTechによる新しい未来像について、紹介していきたいと思います。

2 判例・文献データベースの未来と現在地

リーガル・リサーチにおいておもに使用されるのは、裁判例、文献（書籍・雑誌）、官公庁資料（法令のほか、告示・通達、パブリックコメント、ガイドラインなど。また、法制審議会や金融審議会などの資料を含む）、国会会議録です。

(1) 判例・文献データベースの現在地

① 裁判例

わが国の裁判例については、すでに紙から電子への移行が進んでいます[62]。

---

61 かつてはこのコストがきわめて大きかったために、一般の企業にとっては、リサーチを十全に行うことがむずかしい状況にありました。しかし、後に述べるように、現在はこのコストを大きく低減するようなサービスが複数登場しています。

62 現在においては、いわゆる雑誌の判例集は（少なくとも実務においては）ほとんど使われていないといえます。

データベースとしては、まずは裁判所の提供する判例検索システム[63]があげられます。これは、裁判所が一部の裁判例についてシステム上で掲載するもので、日付やキーワードなどでの検索ができます。最短で判決当日に公開されることもあり、リアルタイム性も高いといえます。もっとも、掲載されている裁判例は一部のみであるうえ、裁判例同士のクロスリファレンスはできず、判決文も画面上に表示されず、PDFの形式となっていますので、最近注目された特定の判決を探すことには向いていますが、「こういったことが争われた裁判例があるか」ということを探すには不向きであるといえるでしょう。

なお、この分野における近時の動きとしては、2020年３月に日弁連法務研究財団の主催の下、関係省庁、弁護士、法学研究者、民間企業らが参集して、民事裁判の判決をオープンデータとして公開する新たな枠組みを検討する「民事判決のオープンデータ化検討プロジェクトチーム」の設立があげられます[64]。公開されるべき判決の範囲やデータの形式などの詳細についても議論が行われ、民事判決データの利活用が実現の方向に向かうことが期待されています。

次に、民間の有料サービスとして、電子媒体で判決文を提供するサービスが比較的充実しています。代表的なものとして、D1-Law、Westlaw、TKC Law Library、判例秘書、Lexisなどがあげられます。これらのサービスのなかには、判例について学者が執筆した評釈や裁判所調査官が執筆した調査官解説[65]についての書誌情報を表示したり、データを提供したりするもの

63　裁判例情報（http://www.courts.go.jp/app/hanrei_jp/search1）
64　http://www.jlf.or.jp/work/kenshu_200528.shtml

もあります。また、いわゆる「あいまい検索機能」や連想判例表示機能等、検索のユーザビリティが高いものが増加してきています。反面、判決から掲載までにタイムラグがあることがデメリットといえます。また、各データベースによって、収録件数の多寡や収録裁判例の偏りが存在しているため、複数のデータベースでの検索を余儀なくされているのが現状です。

② 法律文献

法律雑誌については、昨今の電子書籍化の流れにのっとり、各社において、自社刊行物を電子媒体で提供するサービスがすでに存在しています。旬刊商事法務やNBLなどの一部の雑誌は、最新号の1号前までの号であれば電子的に購読でき、記事ごとにPDFでダウンロードしたり印刷したりすることもできます。また、判例データベースを提供している各社では、バックナンバーを含む法律雑誌についてもPDFデータとして提供しており、少なくとも法律雑誌については、リーガル・リサーチにおけるペインはかなり軽減されている状況にあります（ただし、データベースによってカバーしている法律雑誌の種類が異なり、採用しているデータベース次第では網羅性がない状況も生じえます）。

法律書のデータベース化に関しては、裁判例や法律雑誌に比較し、非常に遅々とした歩みでしたが、最近になって新たな動きがみられるところです。この点については第3節で詳細に説明します。

65　これらの資料は、判例を読み解くうえで重要なものであり、判例を読み解く際には判決文とともに頻繁に参照されます。

③　官公庁資料

官公庁資料については、行政庁のウェブサイト上で公開されているものが増加してきています。

たとえば、主要な法令についてはe-Gov[66]上で電子データとして公開されています。法令については、民間のデータベースサービスでも提供されており、e-Govでは現行の条文（現在施行されている条文）しか確認することができないのに対して、民間のデータベースサービスのなかには過去の時点検索や履歴情報・改正情報についても容易に参照できるようになっているものもあります。

一方、告示・通達については、e-Gov[67]上で電子データとして公開されているものもありますが、その範囲は限定的です。官報については、官報情報検索[68]があり、登記情報については、登記情報提供サービス[69]がありますが、これらは有料であったり、利用時間に制約があったりします。

また、各行政庁のウェブサイトは基本的に縦割りで運営されており、当該条文に対応する告示や通達にどのようなものがあるかを参照できるようにはなっていないのが現状といえます。

以上のような限界が存在している結果、依然として紙媒体も有力です。出版されている各種六法には、改正日や参照条文、関連判例が記載されているものもあり、利便性、一覧性、携帯性の観点からいまだに多くの弁護士が使用しています。

66　https://www.e-gov.go.jp/
67　https://www.e-gov.go.jp/law/ordinance.html
68　https://search.npb.go.jp/kanpou/
69　https://www1.touki.or.jp/

他方、パブリックコメント、ガイドラインや審議会などの資料については、各省庁のウェブサイトに個別に掲載されており、キュレーションはされていません。したがって、個別の法令や省庁ごとにアクセスして、直接閲覧する必要があります。

(2) 判例・文献データベースの未来

① 裁判例

裁判例を対象としたリーガル・リサーチの理想的な状態は、全判決の全文のテキストデータでの公開が、即時性をもってなされることが最低限の前提となります。そのうえで、各判決につき、審級情報、事案の概要、判決の要旨、主要な争点、法律上の判断が示される状態となり、関連する裁判例へのリンクが設置されている状態が理想像といえるでしょう。

なお、アメリカでは、連邦裁判所については、判決全件について全文が公開されるうえ、docketと呼ばれる管理番号を用いて、電子的に管理されています。また、FindLaw[70]などの無料データベースも充実しています。

② 法律文献

法律文献を対象としたリーガル・リサーチの理想的な状況は、主要な法律書籍と雑誌が、オンラインで検索可能なテキストデータとしてアクセス可能になることが最低限の前提となります。そのうえで、横断的に全文検索や条件検索を行うことにより、関連する箇所が一覧表示できるようになり、書籍の該当

70 https://www.findlaw.com/

部分を容易に特定できる状態が理想像といえるでしょう。ここでは、関連性の高い箇所をプログラムに選別させ、優先的に表示することが想定されます[71]。さらに、当該検索結果として表示された文献に関連する文献が連想表示されることによって、自分が意図しなかった関連資料についても受動的に収集できるようになるなどの工夫もありうるところです。

また、そもそも契約書などの書類を閲覧する際に、条項ごとに関連する論点などが自動で表示されることも重要であるといえます。

③　官公庁資料

法令を対象としたリーガル・リサーチの理想的な状況は、法律、施行令、施行規則等の下位法令が相互に参照可能となるとともに、各改正過程が網羅的に一覧化されることが最低限の前提となります。そのうえで、告示や通達、ガイドライン等も、当該条文に対応して表示されるほか、1カ所にキュレーションされ、一括して検索できるようになることが当面の理想像といえるでしょう。

官公庁資料を対象としたリーガル・リサーチの理想的な状況としては、行政、立法の審議会議事録を含む法律の立法過程や審議過程における法律の解釈に有益な情報を、省庁ごとの縦割りではなく、横断的に検索可能なものとして提供される状況が

71　関連度の高さは、単に参照された回数で測るだけではなく、調査対象とする母集団を調整する、たとえば、当該分野の専門の弁護士の閲覧のみを母数として、頻繁に参照されている文献だけを優先的に表示するなどの工夫も考えられます。

あげられると思われます。

また、ユーザーとしては時間的な制約があるなかでリーガルリサーチを行う必要があるため、法令・文献・官公庁資料が1つのポータルサイトを通じてわかりやすく提供されることが、ユーザビリティの観点からは重要であるといえます。

3 未来と現在をつなぐ橋としてのLegalTech

ここまでみてきたように、リーガル・リサーチにおける理想と現実との間には、かなりのギャップがあり、このギャップがそのまま法律事務所および弁護士のペインポイントでもあります。とりわけ、リーガル・リサーチにおける電子書籍化の遅れは、契約書における押印の慣行による電子化の遅れ、裁判所における書面主義の問題とならんで、法律事務のなかでも電子化が最も遅れている分野であり、2020年に発生した新型コロナウイルス感染症の流行とそれに伴うテレワークの促進の動きのなかで、よりいっそう大きなペインポイントとして認識されるに至っています。NO&Tでは、LegalTechを、こういったペインポイントを解消するうえで、きわめて重要なものと位置づけています。

新しい動きとして、Legal LibraryやBUSINESS LAWYERS LIBRARYなどの電子書籍提供サービスがあげられます。本書執筆時点においては、収録されている重要書籍の数が少なく、企業法務に利用するうえでは、さらに拡充されることが望まれます。

NO&Tでは、リーガル・リサーチに変革をもたらすため、2019年12月から株式会社サピエンスと正式に実証実験を開始しました。サピエンスの「LION BOLT」は、法律専門書や官公庁資料などリーガル・リサーチの対象となる情報源を集約して、横断的な検索や閲覧ができるリーガル・リサーチ・プラットフォームです。NO&Tは、LION BOLTを活用することで、迅速かつ多角的なリーガル・リサーチを実施し、法律業務の質の向上を図ることを企図しています。

第3部

LegalTechの見据える未来

第1章

LegalTechが理想とする世界

これまでは、現状の概観をふまえてNO&Tの取り組んでいるLegalTechのご紹介をしてきましたが、ここで、将来的に目指すLegalTechの理想像について検討してみたいと思います。

テクノロジーの効用は、その最終目的に向けたデザインによって大きく変わります。LegalTechにおいても同様であり、その目的・目標・手段は以下のように整理できるとわれわれは考えています。

目的：「LegalTechを通じた人間の復権」

目標：「法的作業の質と効率性の向上」

手段：「単純作業の軽減・大量の情報収集・分析・統合」

「LegalTechを通じた人間の復権」とはやや大げさな表現ですが、「本来弁護士や法務部員が果たすべき最も重要な役割に十分な時間とリソースを投入し、本当に行うべきことを自らの手に取り戻す」ということを意味しています。

弁護士の関与する分野が増えるにつれ、その周辺で行うべき作業も増加しています。危機管理案件やM&A案件など人手を多く要する案件などでは、「これは本当に弁護士がやることなのか」という疑問を日常的に感じながら作業を進めている弁護士も多いことでしょう。特に、若手の弁護士は、日々そのような疑問をもちながらも、作業を進めなければならないという切迫感により、時間を浪費してしまうことが多いのではないでしょうか。これは、若手の弁護士からみれば、自らの弁護士としての能力・スキル向上につながらないという重大事でもあります。

これまでも、法律事務所や法務部等の業務は、テクノロジー化により恩恵を受けてきました。他方で、テクノロジー化がかえって作業量を増やし、有限のリソースを投入すべき作業への集中を妨げることも多かったように思います。「テクノロジーがかえって人を不幸にする」ということもよくいわれますが、これは、一面の真実を言い当てているように思われます。

LegalTechは、このような法律業務のテクノロジー化を促進することにより、弁護士や法務部員等が果たすべきより重要な役割へシフトできるようにすること（＝人間の復権）を目指すものと位置づけることが可能といえます。

第2章

解決すべき課題と実務上の論点

1　解決すべき課題

ここで解決すべき課題としてあげられる事項は多岐にわたります。これまで議論してきた課題やテーマとしては、リーガル・リサーチの効率化・質の向上などの弁護士業務に直結するものと、内部的業務に直結するものなどがあります。

①　弁護士業務に関するLegalTechで解決すべき課題

・リーガル・リサーチの効率化・質の向上

・契約書に係る業務の効率化・質の向上

・DD作業の効率化・質の向上

・インタビュー・ヒアリングにおける議事録の作成・事後検証の精度向上

・翻訳作業の効率化・質の向上

・大量の文書に関する分析力の向上

・リモートワークにおける作業の効率性の向上

②　事務所内部の業務に関するLegalTechで解決すべき課題

・事務作業の軽減

・ペーパーレス化の促進（大量の文書のハンドリングの向上）

・新テクノロジーの導入と周知

・事務所内の情報共有

法律事務所によっても解決すべき課題は異なりますし、その優先度も異なるはずです。また、企業内の法務部やコンプライアンス部等における解決すべき課題は、法律事務所と類似する部分もありますが、相当異なる部分も多いといえます。社会の複雑化に応じ、法的なサービスも多様化しており、法律業務のなかで一元的な課題を抽出することも必ずしも容易ではありません。他方、企業の法務部においては、その事業に応じた特有の課題があるものの、共通したペインポイントとなっている事象も多々見受けられます。

現在、NO&TとMNTSQでは、法務部における共通課題をテクノロジーにより解決する方法として、MNTSQの有する自然言語処理に関する高い技術とデザインされたプラットフォームを提案しているところです。

2 「デザイン思考」

LegalTechを実際に推進するうえでは、通常の弁護士業務の発想とはやや異なる考え方に基づく必要があるように思われます。

NO&TのLegalTechチームでは、月に1回、弁護士、パラリーガル、秘書、システム等のメンバーによる少人数での定例会を行っていますが、この会議はワクワク感のある、熱のこもった楽しい会議です。メンバーにも議題にも、好奇心、想像力、ユーザー中心主義、楽観主義などの要素が含まれており、どんなに突飛なことをいってもディスカレッジしない、心理的安全性が確保された議論の場となっています。所内でも秘密のアイデアや実験をしているので、「スカンクワークス」と勝手に呼んでいたりもしますが、チーム外からは、「また何か変なことをやっている」と半ば呆れられている可能性がおおいにあります。

この定例会では、「発散」と「収束」という手法で議論をすることが多いですが、発散フェーズにおけるアイデア出しが7、8割くらいを占めています。また、弁護士・パラリーガル・秘書・スタッフ等から、まず、実行可能性を問わずできる限り多くのペインポイントや意見を吸い上げ、これに対して解決方法をできる限り多く提案し、現在あるテクノロジーがこれを解決する可能性を探り、その時点で最良の解決策を見出すということも行っています。これをデザイン思考の観点から、「発散思考（divergent thinking）」「収束思考（convergent thinking）」と呼ぶこともあると思いますが、NO&Tではこういった議論を自然に行っています。

3 「カニバリズム問題」

LegalTechを導入する際に、必ず問題となるのが、「カニバリズム問題」です。LegalTechの導入によって法律事務所における業務が効率化されると、短時間でよりよい成果物を依頼者に提供することができることになりますが、企業法務中心の法律事務所でタイムチャージ制を主軸としている法律事務所では、効率化を図ることによって、弁護士の稼働時間が減ることとなり、すなわち、売上げが減少する可能性があります。もちろん、実際にはほかにやるべき作業や受けるべき案件が存在し、効率化された時間がほかの作業や案件に振り分けられる場合は多いでしょうし、効率化およびクオリティの向上が単価の上昇を合理化する根拠になる場合もあるでしょうし、タイムチャージ以外の報酬計算方法を採用することも選択肢の１つでしょう。とはいえ、これらの解決策は必ずしも容易なものとは限りませんし、LegalTech導入および維持に係るコストもあることを考えると、法律事務所の経営面からは大きな問題となりえます。

これは、いわゆる「イノベーションのジレンマ」の一種ですが、いずれ外部からもたらされる破壊的イノベーションを待つか、積極的に投資を行って先手を打っていくかという選択肢となります。NO&Tでは、LegalTechチームの結成段階において、この問題に対し、自ら先手を打っていくという方向性を打ち出しています。ただし、自らイノベーションを起こすことに過度にこだわるのは、かえって望ましいとはいえません。NO&Tでは、是々非々で判断しており、外部の技術力のあるスタートアップと連携するなどして、お互いにWin－Winとなる業務提携も行っています。

4 「ニワトリタマゴ問題」「精度100%問題」の呪縛

LegalTechの導入を検討するうえでは、「ニワトリタマゴ問題」が生じます。すなわち、法律事務所においてLegalTechを進展させるためには、日々のテクノロジーの進歩の状況と弁護士業務の改善すべき点を結びつけ、未来的な思考をする必要があります。テクノロジーの現状を弁護士自身が常に追い続けており、だからこそ弁護士自身の課題認識が可能となるという状況となることが不可欠といえます。そして、不確実性とリスクを見極めたうえで、リスクをとりにいくといった姿勢が必要となりますが、これには事務所全体の合意形成が不可欠であるといえます。

また、「精度が100%とならなければならない」といった発想も、LegalTechの導入・開発上、重い足かせとなります。現実的には、OCRや自然言語処理（NLP）等の技術的な要素について、精度を100%とすることは不可能ですし、そうなるまで待つこととなれば、産業が発展する前に頓挫することとなります。そのような発想は、イノベーションを妨げる大きな要因となりますが、弁護士はクオリティを重視するあまり、そのような呪縛にとらわれがちです。そこでは発想の転換が必要であり、期待値のコントロールを行うことも必須といえます。

むしろ、そもそも「精度100%とは何か」という点について、正確な理解が必要というべきかもしれません。

最近、新型コロナウイルス感染症に関して行われるPCR検査の精度に関連して、検査について偽陽性・偽陰性が発生する可能性が議論され注目を集めましたが、同様の指標は、自然言語処理をはじめとする機械学習の領域でも用いられるものです。

具体的には、機械学習の領域では、モデルの精度を測る際に、「Precision」と「Recall」と呼ばれる尺度が用いられます。Precisionは機械が○（陽性）と判断したもののうち、どのくらいの割合が本当に○（陽性）だったかを示すものです。Recallは本当に○（陽性）だったもののうち、機械がどのくらいの割合を○（陽性）と検出できたかを示すものです。つまり、Precisionが高ければ高いほど、機械が間違って○（陽性）を示すこと（=偽陽性）が少なく、選んだものは正しい可能性が高いことになります。一方、Recallが高ければ高いほど、機械が間違って×（陰性）を示すこと（=偽陰性）が少なく、選ぶべきものを見落とす可能性が低いということになります。

このPrecisionとRecallには、どちらかを高くしようとすると、どちらかが低くなってしまうというトレードオフの関係があります。たとえば、極端な例を考えると、すべての例を○（陽性）と判断する機械学習モデルが存在した時、偽陰性の例はなくなるので、Recallは100%になりますが、一方でPrecisionは非常に低くなるでしょう。逆に、いちばん自信をもって○（陽性）だといえる1つの例だけを○（陽性）と判断する機械学習モデルが存在した時には、仮にその判断が合っていればPrecisionは100%になりますが、Recallは非常に低くなってしまいます。

このような状況のなかで、目的に照らし十分高いRecallとPrecisionのバランスを目指すということが、自然言語処理を用いたプロダクトにおいて目指すべき目標ということになります。そこに、シンプルな「精度100%」は基本的に存在しません。

5　契約書のデータ化とOCR

LegalTechの導入において実務上の障害となる大きなポイントの1つに、「リーガルドキュメントをいかにコンピュータが扱えるデータとするか」があります。LegalTech製品によりデータ化されたドキュメントを解析する技術があっても、ドキュメント自体がデータ化されていなければ、解析を始めることができません。

電子契約が普及すれば、締結版が初めからデジタルデータで取り扱えるようになりますが、現状では今後の普及を待つ段階です。電子締結していない契約書でも、締結版のWordファイルが管理されていればデータ化を別途検討する必要はありません。しかし現実には、「締結版のWordファイルは交渉の実務担当者しかもっていない」「どれが締結版のファイルかわからなくなってしまった」等の事情で締結版のファイルが散逸している企業も多いのが実情です。締結版でないデータをシステムに投入すると、実際に締結された契約内容とシステムの認識する契約内容が乖離します。企業法務のデジタル化の利点である、自社の契約状況の把握、リスク管理などが成立しなくなってしまいます。こういった場合、唯一の締結版である紙の契約書をLegalTech製品に取りこむ必要があります。また、過去に締結した膨大な量の契約書をLegalTech製品に取りこんで資産として活かしたい場合も多いでしょう。

そこで、締結された紙の契約書などのリーガルドキュメントを「コンピュータが扱えるデータ」に変換することが求められます。これは、単に契約書をスキャナーに通して、画像ファイルを保存しておけばよいわけではありません。スキャンしただけの契約書の画像は、どこに何の文字が書いてあるのかという情報がないため、そのままではコンピュータには何が書いてあるのかを区別できないのです。普通の検索システムでは、画像ファイルに写った文字列を検索できないのはこのためです。LegalTech製品の自然言語処理技術を活用した解析を利用するには、この画像ファイルから記述された文字列を抽出すること

図表3－2－1　OCR

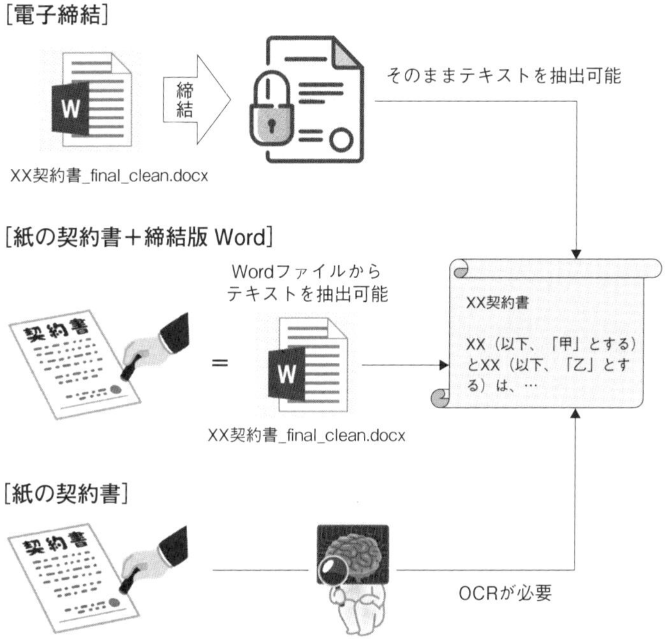

（注）　契約書からのテキスト抽出の手法は何をもとにするかによって異なる。

が求められます。そのような、画像データから文字を読み取る技術を「OCR（Optical Character Recognition、光学的文字認識）」と呼びます（図表3－2－1参照）。紙の契約書はこれを適用してはじめて、自然言語処理技術などを使って解析できる活用可能な資産となります。

「OCR」は実は古くからある技術です。たとえば、アメリカ合衆国郵便公社では、配達のための郵便番号の読み取りに、1965年にOCRが導入されました[72]。初期から実用化されていたことからも推測できるように、郵便番号のように、文字が書かれる領域が指定されていて機械的に読むべき領域が特定しやすく、出現するパターンの少ないデータの認識は比較的簡単です。大まかには郵便番号はハガキのおもて面右上に存在する7つのボックスのなかに1文字ずつ記載される制限があり、また検出するべきパターンも数字だけだと予想できます。一方で、何の文字がどこに入ってくるかわからない文書を対象とする際は、上記のような解くべき問題の制約を利用できません。どこにどんな文字が書かれうるか、前提を置くことが許されないため、コンピュータにとってはむずかしい問題を解くことになります。ここでは、前者のOCRを「特化型OCR」、後者のOCRを「汎用OCR」と呼ぶことにします。

近年は深層学習（ディープラーニング）などを中心とした画像処理技術の進歩によって認識精度が飛躍的に向上し、汎用OCRエンジンをGoogleなどの大手テック企業がAPI形式で提供するなど、特化型OCRだけでなく汎用OCRも利用が進んでいます。しかし、それでも精度は100%というわけにはいきません。たとえば、「97%の精度」でも、A4判・1枚、1,500字に対して、45文字は間違えてしまいます。これは1行に1文字の間違いが含まれる計算です。100%ではないOCRを前提としたとき、LegalTechにおいてはOCR技術をどのように活用すればよいでしょうか。ここでは活用のポイントを2つ示します。

まず1つ目のポイントは、OCRの精度が100%にはならないことを前提としたオペレーションを構築することです。OCR

---

72 Baxter, Vern K., Labor and Politics in the U.S. Postal Service, pp. 148-149, 1994.

結果が100％正しくなくても問題が出ない業務を洗い出し、そこからシステム化を行うというのが１つの方法でしょう。たとえば、契約書のドラフティングをサポートするために、過去の契約書から類似する条項を検索するようなシステムであれば、網羅性は必要ないためOCRの間違いで一部がヒットしない場合があっても役に立ちます。このような検索においてはさらに、技術的なサポートが可能な場合があります。一例として、MNTSQではOCRで文字が一部間違っていても検索に引っかかるようなファジーな検索システムを取り入れることで検索結果を改善しています。

思い切って、人のオペレーションを導入するのも考えられるでしょう。前述の郵便物の仕分けでは、OCRが失敗したものを人が手で処理するオペレーションが組まれています。ウェブ名刺管理サービスを提供するSansanでは、OCRエンジンの出力を人手により修正するプロセスを挟んだ名刺管理サービスを提供し、名刺の認識精度99.9％[73]を実現し成功しています。重要領域に関しては、このようなオペレーションを組むのも１つの手です。すべてを打ち込むよりも、OCRを活用することで工数が減少する可能性があります。

いずれにせよ、OCRの精度には限界があるということをふまえて、どういった業務が自動化できるのか、どのような技術的なサポートが可能なのかを検討することが必要です。

もう１つのポイントは、リーガルに特化したエンジンを利用するということです。先ほど「汎用OCR」「特化OCR」という

73　Sansan公式ブログより。https://buildersbox.corp-sansan.com/entry/2019/04/15/142950

図表3－2－2　LegalTechからみたOCRの種類

	汎用OCR	リーガル用OCR	特化OCR
パターン	多様	特定用語が多数出現	少ない
レイアウト	自由	ある程度	特定可能

対比で説明をしたように、OCRエンジンは前提条件があればあるほど、それを利用して性能を上げやすくなります（図表3－2－2参照）。

対象がリーガルドキュメントであるという前提をおくことで、完全な汎用エンジンではなく、リーガルに特化したエンジンを構築可能です。契約書についてもレイアウトなどは1段組や2段組、図が挿入されるなど自由な部分はありますが、条項が並んでいるなどの特徴はありますし、出現する単語は一般の文書からは大きく制限されています。こういった特徴を利用して、たとえばMNTSQのOCRでは、契約書でよく使われる言葉遣いを学習し、周りの文字列をみて、たとえば「損害[倍]償」を「損害[賠]償」に修正するといった仕組みを組み込むことで、法務領域に特化して性能を向上させています。

6　機械学習とRPA

近年、「RPA（Robotics Process Automation）」の企業内での活用が注目されています。総務省[74]によると、RPAは「これま

74　https://www.soumu.go.jp/menu_news/s-news/02tsushin02_04000043.html

で人間が行ってきた定型的なパソコン操作をソフトウェアのロボットにより自動化するもの」とされており、自動化により、人間の事務作業などの効率性を上げることができるとして、導入が進んでいます。この分野の市場調査を実施しているシンクタンクである矢野経済研究所は、2019年度に出したレポートのなかで、国内のRPAの市場規模は2018年には前年度2倍程度に成長し、2022年までに800億円に到達すると予想しています。一方で、機械学習（AI）も自動化の文脈で語られることが多く、RPAとの違いがわかりづらい面があります。そこで、本節ではLegalTechの観点から、機械学習とRPAの関係について解説します。

まず、「機械学習」は技術を表す単語であり、「RPA」という単語は、そこに何の技術を用いるかに関係なく、「ソフトウェアによる定型的なプロセス自動化」という行為を意味します。

したがって、そもそもこの2つの概念は対立するものではなく、後の事例で紹介するように、「機械学習を用いたRPA」もあります。一方で、RPAの実現のために現状使われているソフトウェアのほとんどは、人間があらかじめ設定した手順に従ってPCを自動操作するものです。この手順は具体的に人間が設定したルールの組合せであり、機械が何かを判断するという性質のものではありません。そのため、手順の積み重ねによって記述できる作業のみを自動化することができる、というのが一般的に実用化されているRPAの概要です。RPAという単語は、実際には原義より狭く、上記のような「人間がつくった設定による定型作業の自動化」という意味で使われていることが多く、この狭い意味での「RPA」の使われ方が、自律的に機械が学習する「機械学習」のイメージと対立的に語られているのです。では、具体的な課題を通して、狭義のRPAと機械学習の違いをみていきましょう。一般的な認識に即して、本節では今後狭義のRPAの意味で「RPA」という単語を使います。

たとえば「経費精算ソフトの結果をExcelで集計して保存」をRPAで設定しようと思うと、図表3－2－3のような手順を記述することになるでしょう。

これらのルールを設定するには人間の工数が必要です。各手順で何をするか、コマンドA、位置B、位置Cはどういう値かなど、人間が設定する必要がありますし[75]、またソフトウェアによってはプログラミングが必要なものもあります。さらに、ルールで動いているので、臨機応変な対応はむずかしく、想定していない事象が起きると止まってしまいます。

さらに、人間の行っている業務は、簡単にみえても実は有機的な判断を含む場合もあり、すべてをルールで記述するには業務の内容を精緻に定義する必要があります。図表3－2－3の例でも、たとえば、いままでは「データ」シートにただ貼り付けるだけでなく、データに応じて人が加工していた、ということがあれば、そのやり方をすべて書き下してあげるか、Excelシートのほうを高機能にして、その加工を自動化してあげる、などの業務プロセスの整理が必要です。そのため、RPA企業は、業務整理、ルール作成のコンサルティングも同時に実施し

75　人間のお手本を記録して保存しリプレイする機能など、入力の簡略化の機能を多くのソフトウェアはもっていますが、ランダムな要素などが入るとうまくいかないこともあり、人手によるチェックは必要です。

図表３－２－３　RPAの設定例

1．コマンドAを実行して経費精算ソフトを開く
2．ログインする
　a．開いたウインドウの位置Bにあるフォームにパスワードを入力
3．ボタンを押してファイルを保存
　a．位置Cにある「保存」ボタンを押下
4．Excelで集計する
　a．Excelで集計用ファイルとStep. 3の出力ファイルを開く
　b．出力ファイルを集計用ファイルの「データ」シートに貼り付ける
　c．集計用ファイルの「出力」シートのA7からA10をコピーする
5．メール送信
　a．出力結果をメールコマンドで送信

ていることが多いのです。

これに対して、機械学習における処理は、RPAで普及しているルールによる記述とは異なり、人間が目的とする処理の詳細を明示的に記述することなく、入力と得たい出力のペアのデータ（教師データ）から目的とする処理を再現できるように学習していく方法です。そのかわり、多くの教師データを集める必要があります。

そのため、人間が手でルールを記述するだけではうまく解けない領域で、かつ教師データを集めることができる場合に大きな効果をもちます。LegalTech領域では、たとえば契約書のレビューや、法務文書の翻訳などは、人間のルール設定をいくら入れてもうまくいくイメージは思い浮かばないでしょう。契約書のレビューをルールにより行いたければ、検出したい内容に

関して、言い回しが異なるパターンを人力で網羅する必要があるでしょうが、はたしてこれは現実的でしょうか。翻訳においても、文脈や業種によって適切な訳語を選択する必要があり、これらをルールによって実現することはむずかしいでしょう[76]。このような問題は、専門のAI（機械学習モデル）を使わねば、解決できないのです。

しかし、機械学習のほうが知的な作業に対応できるとはいえ、すべての問題を機械学習で解決するべきかといえば、そうではありません。前出の図表3－2－3のような定型操作の自動化の領域は、明確なルールで記述してしまったほうが楽にできるはずです。これを機械学習で行うためには、たとえば人間が何回もお手本の操作をするなどのデータの準備のコストが発生してしまうでしょう。

つまり、人間が明確に手順を定義できる定型的な処理は（狭義の）RPAで、そうではない知的な作業は機械学習で解くというのが、企業における自動化の適切なアプローチでしょう（図表3－2－4参照)。

また、冒頭で述べたように、現状のRPAのソフトウェアに人間がルールを定義できない領域で機械学習を組み合わせる取組みも始まりつつあります。アメリカのコンサルティング会社であるマッキンゼーはIntelligent Process Automationという概念を提唱しています。これは、RPAの苦手な非定型の処理をAIの力を借りて行っていくものです。近年、具体的な事例も出始めており、たとえば手書き文字の認識を組み込んだ事例

76　このため、翻訳領域は機械学習の技術の１つである深層学習の発展により大きく進展した分野の１つです。

図表3－2－4　大まかな機械学習とRPAの違い

	機械学習（AI）	狭義のRPA
得意な処理	非定型作業	定型作業
学習の方法	教師データから学習 （たくさんの例が必要）	人間が設定 （一度でよい）
対応可能なパターン	ある程度柔軟	ルールの範囲のみ

などがRPAソフトウェア各社の事例紹介に掲載されたりしています。今後、このような組合せの事例も進展していくと考えられます。

RPAと機械学習はどちらを活用すればよいというものではなく、両者を適材適所で利用するのが適切です。特に、法務領域においては、たとえば定型の社内手続にはRPAを活用できるでしょうし、一方で契約書のレビューのような知的作業を含む領域は、機械学習ベースのソフトウェアを利用することが必要になるでしょう。

7　サービスのクラウド化とセキュリティーの問題

LegalTechのサービスのなかには、自然言語処理などのいわゆるAIといわれる技術を活用するものも多く含まれることが想定されていますが、これらの技術を活用するためには、かなりのコンピュータの性能（マシンパワー）が必要とされます。しかしながら、個々のPCや、いわゆるオン・プレミスの（ユーザーが管理する）サーバー内でこれらの技術を十分に活用することは容易ではありません。多くの場合、非常に高い負荷がかかるのは一時的な現象であるため、最も負荷がかかる場面を想定してサーバー等の性能を定めた場合、非常に高価な機器や設備が必要になってしまうにもかかわらず、大部分の時間ではそのような機器や設備が宝の持ち腐れになってしまいます。一方、効率性や経済性の観点から妥協した性能のサーバーを準備した場合には、最も負荷がかかる場面では性能の限界によって処理速度が低下するなどの問題が生じてしまうからです。

そこで検討されるのが、クラウドサービスの活用です。サービスをクラウド化すると、クラウド上にふんだんに存在するマシンパワーを必要な時に必要な分だけ利用することが可能になることから、合理的なコストで十分な性能を出すことが可能になるからです。

しかしながら、クラウドサービスについては、セキュリティー上の不安や問題の有無が論点となります。オン・プレミスの場合とは異なり、ベンダー側が管理するサーバー上にすべての情報が管理され、その物理的な所在地等の詳細についてもユーザーには明らかにされていない場合が多いからです。ユーザー心理としても、自らが管理し、設定内容等も理解しているオン・プレミスのほうが、いわば自宅に置いてある金庫のように手元にあるような安心感があることは否定できません。

もっとも、オン・プレミスのほうが本当にセキュリティー上安全かという点については、よく検討する必要があります。自宅の金庫というたとえ話をもとにしていえば、銀行の貸金庫のほうが安全ではないかという疑問もあるところです。実は、クラウドもそのベンダーとサービス次第で、セキュリティーレベルはまったく異なり、場合によってはオン・プレミスのサーバー内にデータを保管するより、クラウド上に保管するほうがずっとセキュリティーが高く、漏えい等のリスクは低いということは十分ありうるところです。

特に企業においてLegalTechのクラウドサービスを利用するか否かを判断するにあたっては、データをクラウドサーバー上に保管することの是非を、最終的には取締役の善管注意義務という観点から検討する必要があるということになります。そして、これはいわゆる経営判断の原則の対象となる場面であることから、前提となる事実の認識に不注意な誤りがないことを前提とすれば、自社と同様な企業の経営者であれば不合理とはいえない判断であれば足りますので、これだけクラウドサービスが普及しその利用が一般的になりつつある現代においては、一定のセキュリティーが担保される構成によって定評あるベンダーによって提供されるサービスを採用することが、善管注意義務違反となることはあまり考えがたいようにも思えます。2020年に発生した新型コロナウイルス感染症の拡大に伴い大きく普及したリモートワークの実現や改善という観点からも、オフィス外からのアクセスを容易にするクラウドサービスの利用は合理的であり、その採用を後押しする事情といえます。

8　企業活動のリモート化・バーチャル化

2020年１月に発生が確認された新型コロナウイルス感染症は、その後わずか数カ月の間に全世界的な流行をみせ、世界全体の経済活動に大きな影響を与えています。多くの国の都市部において、いわゆる「ロックダウン」などの外出禁止を強制する措置が行われ、日本においても、政府および各地方自治体から、不要不急の外出を控えるよう要請が出されました。

そのような状況のなか、多くの企業がリモートワークを導入し、オフィスにおけるデスクワークの少なくない割合がリモートワークによって代替された反面、押印作業や契約書の原本管理、紙媒体の資料調査など、リモートワークでは対応できない業務も相当程度存在することが課題として認識されています。また、従業員が自宅で利用するPC等の端末、公共スペースにおけるインターネット利用、テレビ会議システム等に関連するセキュリティー対策が必ずしも十分でないことも取り沙汰されています。本書の各所で紹介してきたLegalTechに関する取組みは、こういったペインを解決しようとする側面も有しています。

多くの企業がテレワークを余儀なくされたことに伴い、大きな注目を集めているものとして、電子署名の利用があげられます。

第2章第6節でも説明したとおり、契約は当事者間の意思の合致により成立するため、原則として書面の作成や書面への押印は必要な要件とはされていませんが、ハンコ文化の浸透や、それを尊重する民事訴訟法228条4項の規定により、書面の契約書に記名押印する形式が多く用いられてきました[77]。しかしながら、新型コロナウイルスの影響によりリモートワークが実施されても、会社の印鑑を社外に持ち出すことまでは認められないことが多く、契約の締結の際には、押印のためだけの社員の出社が必要となったケースもありました。このような不便を受けて、書面や押印の慣行を見直し、電子的に書類を交わすことを検討する企業が増えています。

電子署名の利用促進の流れは政府からも推進されており、2020年6月22日には規制改革推進会議により書面規制、押印、対面規制の見直しに関する報告がなされた[78]ほか、2020年6月19日には、内閣府、法務省および経済産業省から、民間企業による押印廃止の取組みを促進するために、押印を廃止した場合のQ&Aが公表されました[79]。

このように、現在は、新型コロナウイルスに伴うテレワークの実施を契機として、官民をあげて電子署名の利用に向けた環境整備が進んでいる状況であるといえます。しかしながら、電子署名を導入するにあたっては社内規程を改訂しなければならないケースも多く、また、電子署名により締結された契約書を管理するシステムを保有していないことも多いと思われます。企業における書類の管理は社内の決裁プロセスと密接しているため、電子署名の利用は、データで作成した契約書のドラフトが電子署名により締結され、シームレスに契約管理システムに

---

77 もっとも、証明書を取得する押印された印影が本人の印章のものであるかを判断するには、印鑑証明書を取得して照合する必要があるところ、そのような確認作業は一部の取引以外では行われていないことや、3Dプリンタの登場により、印影から印章を再現することができるようになったことにより、文書の成立の真正を押印により担保することには批判もあったところです。

78 「書面規制、押印、対面規制の見直しについて」（https://www8.cao.go.jp/kisei-kaikaku/kisei/meeting/committee/20200622/200622honkaigi02.pdf）

79 「押印についてのQ＆A」（http://www.moj.go.jp/content/001322410.pdf）

移管される、といった、一連の契約管理のDXプロセスの中に位置づけることにより真価が発揮されるものといえます。

また、新型コロナウイルス感染症の拡大を受けて、多くの企業が株主総会の運営方法の見直しを迫られました。そのなかで注目を浴びているのが「バーチャル株主総会」と呼ばれるものです。

バーチャル株主総会とは、従来取締役や株主等が物理的に一堂に会して開催されていた株主総会に対して、その一部または全部をインターネット等の利用によりバーチャルに置き換えようとするものをいいます。このような方法で株主総会を開催することの可否や問題点については、従来から議論されていたものの、LegalTechの文脈のなかには必ずしも位置づけられてこなかったように思います。講学上、バーチャル株主総会には、取締役や株主等が参集する物理的な場所を設けず、すべての者がインターネット等を利用して出席する形態の完全バーチャル型のもの[80]と、取締役や株主等が参集する物理的な場所における現実の開催と同時にインターネット等を利用した方法による出席または参加を許容するハイブリッド型のものが存在しますが、経済産業省が2020年２月26日に公表した「ハイブリッド型バーチャル株主総会の実施ガイド[81]」によれば、後者についても、株主がストリーム配信等で株主総会の審議等の中継を視聴するにとどまり、議決権行使をしたり質問したりすることが想

80　会社法は、株主総会の開催にあたって「場所」を定めることを要求しており（会社法298条１項１号）、物理的な会場を設けない完全バーチャル型の株主総会は、現行法の解釈上は困難とされています。

81　経済産業省ウェブサイト（https://www.meti.go.jp/press/2019/02/20200226001/20200226001.html）

定されない「参加型」と、インターネット等の手段を通じて物理的に参集した株主と同様に議決権行使や質問を行うことを想定する「出席型」に分けられます。

出席型のハイブリッド型バーチャル株主総会を開催する場合、インターネット等を通じて出席するすべての株主が、物理的会場に出席した場合になしえるすべての行動（質問、動議の提出、議決権行使等）がオンラインで代替可能になることが基本的な考え方になります。その際に技術的な課題となるのは、通信の安定性、双方向性および即時性といえるでしょう。多数の株主が出席することが想定されるバーチャル株主総会において通信障害や情報伝達の遅延が発生した場合、そのつど議事進行を止めたり、手続をやり直したりすることは現実的ではありません。その結果、インターネット等を通じて出席した株主の一部または全部が審議の過程や決議に参加できない事態を生じたときには、そのような状況下でなされた株主総会の決議が取消事由（会社法831条１項）に該当しないかが問題となりえます。したがって、出席型のハイブリッド型バーチャル株主総会を実施する際に用いる通信技術については、このような観点からの慎重な検討と入念な対策が求められるものと思われます。現在、インターネットを通じた議決権行使や質問提出機能などを含んだ双方向性・即時性のある通信を、（最大）数十万人規模で安定的に行うサービスはほとんど提供されていない状況です。しかし、高速化・低遅延化・多数同時接続を可能にするとされる5Gに象徴されるように、このような技術上の障壁は、中長期的には解決されていくといえるでしょう。

バーチャル株主総会については、上記のほかにもさまざまな法的・実務的な論点があり、たとえば、サイバー攻撃等による株主以外の者によるアクセスや、なりすまし等の問題も指摘されています。もっとも、物理的に開催されている株主総会においても、陰で録音・録画が行われるリスクを排除することはできないことや、本人確認は議決権行使書面の提示によってのみ行われており、その者が株主本人であるかについては確認しないのが一般的であることからすると、委任状勧誘が行われているような係争含みの株主総会は別として、これらの点について殊更に問題視する必要はないという考え方もあるように思います。

9 まとめ

このように、LegalTechによって解決するべき課題は多く、また、推進にあたってはさまざまな実務上の論点があります。しかし、そのような課題や論点が可視化された段階で、これを支える技術を分析し、現実的な解を探るということは、LegalTechに限った話ではなく、サスティナブルな事業の遂行には欠くことができないものといえます。

NO&Tは、地に足の着いた、冷静で現実的な分析のもと、法律業務におけるイノベーションの促進を今後とも進めていくことが何より重要と考えており、MNTSQは、企業の真のパートナーとして法務を変革していきたいと考えています。

LegalTech

2020年9月4日　第1刷発行

編　者　長島・大野・常松法律事務所
　　　　MNTSQ株式会社
発行者　加　藤　一　浩

〒160-8520　東京都新宿区南元町19
発　行　所　一般社団法人 金融財政事情研究会
企画・制作・販売　株式会社 き ん ざ い
出 版 部　TEL 03(3355)2251　FAX 03(3357)7416
販売受付　TEL 03(3358)2891　FAX 03(3358)0037
URL https://www.kinzai.jp/

校正：株式会社友人社／印刷：株式会社太平印刷社

ISBN978-4-322-13553-4